역사는 승자가 바꾼다

정권교체, 전쟁사에 답이 있다

역사는 승자가 바꾼다

정권교체, 전쟁사에 답이 있다

임두만·김양수 지음

리북

"상승야당(常勝野黨)"을 염원하는 "전쟁정치학"

클라우제비츠는 '전쟁은 정치의 연장선'이라 정의했고, 마오쩌 뚱은 "전쟁은 피를 흘리는 정치요, 정치는 피를 흘리지 않는 전쟁" 이라는 명언을 남겼다. 이처럼 정치의 본질은 전쟁의 본질과 맥을 같이 한다.

하지만 우리는 정치가 전쟁의 잔인함과 비정함이 아닌, 룰을 충실히 따르며 페어플레이 정신이 존중받는 스포츠의 본질에 충실 하기를 기대한다. 그러나 정치에서 스포츠정신이 허용되는 한계 는 정치가 '피를 흘리지 않는' 전쟁이라는 명제를 충족할 때까지 만이다. 여기서 '무혈'의 의미는 사람이 죽고 다친다는 의미가 아 닌 공동체 존속이 가능한 최소한의 합의선을 넘지 않는다는 뜻으 로 받아들여져야 한다.

예컨대 2012년 대선은 부정개표와 정부의 선거개입 의혹으로 얼룩진 선거였다. 선거개입의 경우 몇몇 사건들은 이미 법원에서 유죄판결이 나왔다. 하지만 대한민국 유권자들 대부분이 대선은 무효라는 야권일각의 주장에 동의하지 않는다. 그래서 여전히 반칙으로 당선된 대통령은 그 지위를 유지하고 있다. 이러한 아이러니는 정치를 스포츠정신의 전당으로 인식하는 한 절대로 용납될 수 없는 상황이다. 그러나 대부분의 역사에서 정치권력의 획득과 행사는 스포츠가 아닌 전쟁의 본질에 의해 좌우되었다는 현실을 직시한다면, 우리는 결국 2012년 대선에 대해 정통성을 부정할 수 없는 기정사실로 인정할 수밖에 없다.

진보 정치세력의 가장 큰 문제는 입으로는 승리를 말하면서 행동으로는 패배를 기정사실화하는 것이다. '그렇게 하면 질 것'이라고 하는 비판이나 충고에 대해, 수단과 방법이 올곧지 못하면 이겨도 의미가 없다는 식이다. '더러운 승리보다 깨끗한 패배가 고귀하다.'는 관념에 집착하는 것 같다. 하지만 선거에서 유권자의 다수 표를 획득한 쪽이 권력을 차지하는 대의민주제 국가에서 정치인 개인이든 정치집단이든 승리 아니면 할 수 있는 일은 없다. '구슬이 서 말이라도 꿰어야 보배'라는 말은 속담으로만 둘 말이 아니다. 정치인과 정치집단의 정책과 정치이념은 승리했을 때, 즉 그것을 실행에 옮길 권한을 획득했을 때 가치가 있는 것이다.

그래서 정치는 스포츠가 아닌 무혈의 전쟁이 되었다. 그럼에도 불구하고 과정의 순수성에 편집광적으로 집착하는 진보의 정치를 보면서 과연 이들에게 정권을 획득하여 자신들의 이상에 따라 권력을 행사하여 세상을 바꾸겠다는 절실한 염원과 의지가 정말 존재하는지 의문을 가지지 않을 수 없다. "그렇게 하면 안 된다.

내가(우리가) 하면 그보다 더 잘할 자신이 있다."를 백날 읊어봐야 실제로 정책을 추진할 수 있는 권력이 주어지지 않으면 할 일이 없다.

지난 10년간 선거에서 진보야당은 보수여당에게 단 한 번도 유의미한 승리를 거둔 적이 없었다. 상대가 대적불가 강적이었다면 할 말은 없다. 하지만 이명박 박근혜로 이어진 정권의 무능과 독선과 부패는 아는 사람은 다 아는 팩트다. 즉, 상대 역시 넘을 수 없는 강적은 아니었다. 게다가 확실히 패할 수밖에 없는 실책 또한 너무도 많았다. 그럼에도 불구하고 언제나 선거만 치르면 반대로 진보야당이 여지없이 참패했다.

이토록 어처구니없는 야당의 패배는 그래서 패배 이유에 대한 분석과 책임소재 규명이 선거 후마다 언제나 계속되었다. 그런데 패배 이유의 분석 결과는 늘 남 탓이었다. 자신들의 부족이 아닌 유권자 탓 상대방 탓... 이처럼 자신의 잘못에 대한 반성이 없으니 개선과 진전이 있을 수 없다. 그 결과 희망은 더욱 없어져 간다. 지난 10년간 패배를 반복한 야당이 앞으로 다가올 선거에서 승리를 예상할 수 있을 만큼 획기적 체질 개선을 이루었느냐에 대한 질문에 '그렇다'라고 대답할 수 있는 사람은 거의 없을 것이다.

그래도 늘 이런 "뼈를 깎는 혁신으로 다음 선거에서는 승리하겠다."는 말을 그치지 않는다. 선거 패배 후 야당이 내놓는 이런 논평만 10년이다. 그렇다면 지금쯤 야당에는 깎고 싶어도 남아 있는 뼈가 없어야 한다. 하지만 2015년 하반기 제1야당을 뒤흔든 이슈 또한 '혁신'이었다. 이에 야당 사정에 정통한 한 전직 당직자는 "지금까지 혁신안으로 나온 제안서와 이를 의결한 당무회의 자료, 심지어 전당대회를 통과한 당헌당규만 찾아 실어도 한 트럭은 넘을 것"이라고 말했다. 안(案)이 없어서 못한 게 아니라 그냥 안 한 것이다. 결국 혁신을 하다가 뼈의 재고가 바닥난 것처럼 마침내 제1야당은 해체 수순을 밟기 시작한다.

이렇게 해체 위기에 몰린 야당은 위 당직자의 언급이 아니더라도, 10년간 패배를 반복하면서도 단 한 번의 진지한 자기반성이나 혁신을 보여준 적이 없었다. 이게 진실이다. 왜? 패배의 진정한 이유를 애써 모른 체 남 탓으로 봉합하면서 오로지 단결 통합만이 승리의 명제라는 도그마가 야당의 정치를 지배했기 때문이다.

정치인이나 정치세력에게는 세상의 모순과 부조리로부터 지지자를 지켜주어야 하는 수호천사의 소명이 부과된다. 직설적으로 표현하면, 지지자의 이익을 보장해 주는 것이 정치인의 의무라는 것이다. 그러기 위해서는 선거라는 전쟁에서 이겨야 한다. 이겨야 지지자의 이익을 보장해 줄 수 있는 정책 집행의 권한을 갖게 된다. 이기지 못하면 지지자의 이익을 보장해 줄 방법이 없다.

그런데 대한민국 진보야당은 지난 10년간 내리 패배만 했다. 지난 10년간 이 당을 지지한 진보진영 국민들은 정치적으로나 정책적으로 손해를 본 셈이다. 따라서 진보진영 국민들도 이기는 세력을 지지하여 정치적 정책적으로 이익을 보는 계층이 되려면, 이제 지지하는 세력이 이기는 싸움을 하도록 지원하고 훈수하는 것을 일상화해야 한다.

그럼에도 현재 야당을 주도하는 주류의 가치관이 변하지 않고 있다. 유권자가 이익집단이 아니라 팬덤에서 한걸음도 나가지 못하고 있다. 때문에 이와 반대의 생각을 가진 이 정당의 지지계층은 이길 수 있는 세력으로의 교체를 주장할 수밖에 없다. 정치는 권력을 획득하여 세상을 변화시키는 과정이므로 권력의 획득과 완벽히 차단된 진보 정치세력은 고귀하고 아름다운 존재들일지는 몰라도 정치세력으로서의 존재가치는 제로가 될 수밖에 없어서다.

이 책의 시작은 이런 명제에 동의한 저자들의 인터넷 글쓰기였다. 구체적으로 말하자면 선거만 하면 지는 야당 주류세력인 친노 정파를 비판하기 위해 쓴 글들이 이 책의 시작이었다. 진보 정치세력이 정권을 잡으려면 환골탈태가 절실한데 그것을 가로막고 있는 가장 큰 장애물이 친노 정파라는 관점에서 쓰기 시작한 글들이 책을 엮는 글감이 되었다.

저자들은 각각 글을 쓰고 나누면서 서로 생각이 일치함을 인식했다. 이 일체감은 밀리터리 역사에 한국정치를 빗대는 글들을 서로 주고받는 필담으로 변했다. 이렇게 나눈 필담이 자연스럽게 많아졌다. 그러다 보니 모인 글들은 흔히 보는 정치담론들과 조금 다른 독특한 색채를 띠게 되었다. 이 '밀리터리 정치담론'을 그냥 컴퓨터에 담아두기보단 책으로 엮어내자는 데 의기투합하였다. 밀리터리 담론은 하나의 꼭지마다 두 사람이 서로 의견을 교환하면서 완성되었다. 이런 글쓰기는 아마 처음 시도되는 방식일 수도 있고, 이렇게 만들어지는 공동저서도 처음이 아닐까 생각한다.

우리는 이 책에 담긴 글들에 편향된 정파성이 있음을 부인하지 않는다. 우리는 정권교체를 간절히 말하고 싶었다. 그래서 싸우기만 하면 지는 친노 주류정파의 정당을 질타해야 한다고 생각하였으며, 그것을 우리가 하기로 했다. 따라서 이 글들에 대한 비판에 대하여도 당당하다. 각 단원마다 주제가 된 전쟁의 명장면들은 2016년 총선과 2017년 대선에서 승리를 염원하는 정치세력이라면 누구든지 모범사례나 반면교사로 삼을 만한 가치가 있다고 생각한다. 무혈의 전쟁이 곧 정치라는 명제에 동의할 수 있다면 말이다.

수구보수는 정정당당한 '스포츠 정치'로 선거를 이길 수 없음을 안다. 그래서 그들은 자신들의 승리를 위해 잔혹한 전쟁의 영역으로 정치를 처넣고 말았다. 평소에 그들은 국민들에게 손가락질을 당하면서도 자신들과 진영의 이익에 천착한다. 예산, 정책, 인사 심지어 법까지 자신들만의 나라로 만들기에 올인한다.

그러나 막상 선거라는 전쟁판이 벌어지면 저들은 돌변한다. 5,000만 국민 모두를 행복한 나라에서 살게 해 줄 것 같은 언행도 서슴지 않는다. 마치 자신들에게 그 같은 능력이 있는 것처럼 착각하게 만든다. 이런 저들의 포장술과 이벤트성 접근에 대해 진보야권은 '따라 하기' 외 다른 작전은 없다. 심지어 그 '따라 하기' 조차 어설프다. 결국 이기지도 못하면서 국민들에게 정치는 '거짓'이고 정치인은 '거짓말쟁이'라는 불신만 초래한다. 그 결과 희망의 정치를 구현하지 못하는 것이다.

그렇다면 어떻게 해야 정치를 거짓의 질곡에서 구원할 수 있을까? 지금처럼 전쟁 개념으로 덤비는 상대를 '따라 하기' 자세로 대응하면서, 지금까지는 패배를 되풀이 하고 있지만 언젠가 이길 그날만을 대책 없이 기다리면 되는 걸까? 아니다. 전쟁으로 싸움을 거는 상대를 이기는 방법은 결국 전쟁밖에 없다. 상대가 야비하게 나온다면 진보야권은 그보다 더 야비하게 상대하여 확실하게 제압하는 수밖에 없다.

이상적인 민주정치는 주권자의 선택을 받은 권력자가 선량한 관리자로서 국민에게 위임 받은 주권을 합리적이고 효율적으로 행사하는 것이다. 이 명제의 핵심은 선량한 관리자의 자질과 역량을 갖춘 인물이 권력자가 되어야 한다는 점이다. 그리고 권력자가 되려면 무혈의 전쟁인 정치투쟁에서 가차 없이 승리하는 길 외에 다른 대안은 없다. 개처럼 집권하여 정승처럼 권력을 행사하고픈 미지의 영웅들에게 이 책을 바친다.

2015년 세밑에
서초동 글방에서 **임두만 김양수**

쌍령 전투와 광교산 전투가 주는 교훈

한민족(韓民族), 배달겨레는 지난 5,000년간 수없는 외세의 침범을 견디면서 하나의 역사, 하나의 언어, 하나의 문화를 공유하며 만주와 한반도 지역에서 굳건한 정체성을 지켜온 공동체이다. 이는 세계사에서도 비슷한 예를 찾아보기 어려운 특이한 경우에 속한다. 그리고 이러한 자부심이 오늘날 주변 열강의 집요한 정치적, 경제적, 문화적 도전에도 불구하고 우리를 지탱하는 탄탄한 줄기가 되고 있다.

그래서 우리는 이 줄기가 주는 긍지로 인해 분단 70년을 넘기고 있음에도 분단 상황을 극복하고 통일할 수 있을 것이란 기대를 포기하지 않으려 한다. 비록 일각에서 통일에 대한 거부감이 없는 것은 아니지만 노골적으로 통일 거부감을 말할 수 없는 것이 우리 사회다.

그러나 한편으로 자신들의 정치권력 향유를 위해 분단된 나라를 동서로 갈라 지역 분할정치를 노골적으로 추진하는 세력이 있다. 바로 2016년 현재의 집권세력이다.

이 세력은 분단된 남쪽만의 민주공화제 국가가 수립된 지 70년 동안 지역분할 계층분할 작전을 통해 60년간 집권한 것이다.

반면 이들의 집권을 저지하고 권력을 국민에게 돌려주겠다는 야권은 지난 70년 중 단 10년만 집권을 경험했다. 그리고 그 이후 치러진 거의 모든 선거에서 패배하며 집권 가능성은 갈수록 희박해져 간다. 현 집권세력인 수구보수 특권적 집단의 무능과 부패가 갈수록 심각해져 감에도 현재 야권은 국민들에게 이들의 대안세력으로 인정받지 못하는 모순이 반복되고 있는 것이다.

때문에 우리는 이 모순을 깨고 수구보수 특권적 집단에게서 권력을 탈환, 현 야권세력이 집권할 수 있게 하려면 어떠한 정치를 해야 하며 어떤 지도자를 세워야 하는지 지난 10년 동안 끊임없는 논전을 거듭해왔다. 특히 현재의 야권을 지배하고 있는 이른바 '친노(親노무현)계'의 부상(浮上)이후 이 논전은 더욱 심화되었다. 그리고 현재 이 논전의 핵심은 계파 수장 문재인에게 과연 이 모순을 돌파해 낼 수 있는 역량과 비전이 존재하는지 여부이다. 그래서 그를 앞세운 세력이 과연 2017 대전에서 승리할 수 있는지를 놓고 2016년 현재 여전히 치열한 논전이 진행 중이다.

그런데 이 문재인계는 본선에서는 늘 패배하지만 논전에서의 팬덤은 상당히 견고하다. 반대로 그들과 반대편에 있는 안티 팬덤 또한 이제는 아주 강고하고 막강하다. 따라서 정작 싸워야 할 주적을 앞에 두고 적전분열은 점입가경으로 치닫고 있다.

하지만 적전분열이라는 병리현상에만 매몰되어, 분열의 근본 원인도, 분열을 극복할 근본적 처방도 없이 그저 묻지도 따지지도 않는 통합과 단결만을 공허하게 주장하는 것 또한 대전의 승리에 보탬이 되지 않는다. 그럴수록 우리는 결국 2012년 대선과 똑같은 전철을 밟게 될 것이 분명하기 때문이다.

승패병가지상사(勝敗兵家之常事)라고 했다. 싸우다 보면 이길 때도 있고 질 때도 있다. 하지만 지난 싸움의 패인을 반면교사로 삼지 않고 똑같은 방식으로 싸워 똑같은 패배를 반복하는 아둔한 장수에게 군권(軍權)을 맡기는 어리석은 선택은 그 누구라도 절대로 하지 않을 것이다.

그래서 우리는 이 책에 과연 어떤 지도자가 전쟁에서 승리하고 어떤 지도자가 전쟁에서 패하는지를 심도 있게 다루었다. 그리고 사례로 꼽은 개개의 전쟁 또는 전투에 21세기 한국정치를 대입시켜 논전을 확산시키려고 한다. 이를 위해 가장 먼저 우리 역사상 가장 치욕스런 패전이었다는 전투 하나를 소개한다. 그 전투가 '쌍령 전투'다.

병자호란 당시 있었던 전투로서 졸장이 이끈 부대의 패전으로 임금의 항복까지 초래한 '쌍령 전투'를 이 논전의 서장(序章)으로 소개하는 것이다. 그리고 같은 전쟁, 같은 조건에서 똑같은 적에게 대승을 거둔 명장의 이야기인 '광교산 전투'도 언급하려 한다. 두 전투를 통해 전쟁에서 지휘관이 차지하는 비중이 어느 정도인지, 명장과 졸장의 차이는 무엇인지 명백하게 밝히고 싶기 때문이다.

인조 14년(서기 1636년) 섣달(12월) 초이틀(2일) 명나라를 제압하기 위해 단련한 12만 청나라 군이 기마대를 앞세워 조선을 침공한다.

광해군 축출 후 집권한 서인은 정묘호란의 국난을 겪었음에도 명나라를 종주국으로 인정하는 세력이었다. 당연히 조선 조정은 욱일승천 기세의 청나라를 여전히 오랑캐 취급했다.

여진족의 족장 누르하치가 만주일원에 흩어져 살던 여진족을 통일하여 1616년에 이미 나라를 세우고 칸에 올랐으나 조선은 이를 국가로도 인정하지 않았다.

하지만 누르하치는 나라를 세운 뒤에도 줄곧 조선은 우방으로 대한 반면 대륙을 계속 넘보면서 땅을 확장해 나갔으나 끝내 명을 제압하지 못하고 죽었다. 1636년 후사를 아들 홍타이지가 잇게 되는데 그가 '청태종'이다. 청태종은 중국 대륙 통일을 노리고 국호를 '대청(大淸)'이라 개칭 후 명나라를 압박했다.

이처럼 국운이 융성한 이웃나라를 조선 조정은 쇠락해가는 종주국 명나라의 눈치를 보느라 '오랑캐'로 칭하고 업신여겼다. 이에 홍타이지는 부친인 누르하치와 달리 명나라보다 조선을 먼저 제압하겠다는 전략으로 조선을 침공한 것이다.

그런데 청나라의 침공을 조선에서도 어느 정도 예측하고 있었다. 따라서 조선군도 나름대로 북방의 경비를 강화하는 등 군비확장에 노력했다.

그러나 청나라는 이미 조선의 대책을 파악, 조선 방비선의 허점을 침공루트로 삼아 곧바로 한양을 향해 진격해 왔다. 청태종이 직접 이끈 12만 대군의 공세에 조선군은 속절없이 무너졌다. 순식간에 압록강을 돌파한 청군은 평양을 지나 불과 열흘 만에 조선의 수도인 한양에 육박했다.

청의 속도전은 첩보전의 개가이기도 했다. 청군은 이미 조선 조정이 강화도로 피신할 것까지 예측, 강화도행 피난로까지 차단했다. 당황한 인조는 어가(御駕)를 급거 남한산성으로 돌려야 했다.

이후 남한산성에서 농성에 들어간 조선 조정은 전국에 근왕병 징발을 훈령하여 근왕병들이 청군과 대적하도록 했다. 하지만 다양한 정보를 축적한 청군은 사기는 물론 전술 운용 능력에서도 조선군을 압도한 상황이었다.

〈연려실기술〉 등 당시의 전쟁을 기록한 자료들을 보면 홍타이지는 조선 정벌을 위해 군을 4개로 편재, 선봉에 마부타(馬福塔)를 세웠다. 병력 3만 4천인 이 선봉 부대는 가장 빠른 시간에 한양입성을 목표로 했다. 한양 입성과 동시에 조선왕인 인조를 사로잡겠다는 계산이었다. 그래서 압록강을 건넌 뒤 대로를 따라 곧바로 한양을 향했다. 또 한양과 강화도의 연결을 차단하여 조선 조정이 강화도로 파천하는 것을 저지할 계획도 세웠다.

그리고 도도(多鐸)의 좌익군(左翼軍)이 3만, 여기에 도르곤(多爾袞)의 우익군(右翼軍)이 2만 2천이었다. 좌익군은 선봉대의 뒤를 받치며 한양에 입성, 수도 한양과 삼남 지방의 연결을 차단하는 임무, 우익군은 임진강을 건너 강화도로 진출하는 것을 목표로 삼았다. 즉 선봉군이 한양과 강화도를 차단하면 우익군이 강화도를 치는 작전을 세운 것이다.

이런 3군 편재 외에 본진은 5만4천에 이르는 대군이었으며 청 태종 홍타이지가 직접 이끌었다. 즉 본진은 선봉대와 좌·우익군의 돌격으로 조선 조정이 피신하는 것을 막고, 본진이 한양에 입성하여 왕을 사로잡은 뒤 신속하게 전쟁을 끝내겠다는 복안을 세운 것이다. 그래야 명을 치는데 시간을 벌 수 있었다.

이 같은 청의 작전에 따라 파죽지세로 밀고 오는 마부타 선봉부대의 위세에 눌린 조선군은 초전에 이미 전의를 상실했다. 특히 조선 조정이나 군의 전쟁 대비태세, 즉 작전의 엉성함은 두고두고 후회해도 소용없는 대 실패작이었다.

조선 조정은 청군의 공격에 대비한다며 청군 이동로 주변 병력과 백성들을 인근 산성으로 결집시켜 수성전(守城戰)으로 시간을 벌겠다는 작전을 세웠다. 일단 시간을 벌고 장기전으로 국면을 전환한 후 전국 각지에서 근왕병을 소집하여 반격하면 침략군은 군량 부족으로 결국 철수할 것이란 계산이었다. 하지만 이러한 계획은 청군의 의도대로 선봉대의 신속한 한양 진출을 초래하는 결과를 낳았다

선봉대의 파죽지세 한양 입성으로 한양은 공황 상태에 빠졌다. 한국전쟁 발발 당시 개성-문산 축선과 의정부-미아리 축선으로 기갑부대를 집중하여 개전 3일 만에 수도 서울을 점령한 북한군의 전술도 이와 유사했다고 볼 수 있다.

산성 안에 있던 조선군은 뒤늦게 상황을 파악하고 청군을 추격

하여 한양으로 진군한다. 그러나 청군 선봉대를 추격하는 조선군은 오히려 후발대로 따라오는 청군 본진에게 협공 당하는 어처구니없는 상황에 직면한다.

조선군은 전투력 뿐 아니라 정보전에서도 청군의 상대가 되지 못했다. 조선군은 척후도 없이 이동하여 수시로 기습에 휘말렸으나 청군은 마치 드론이라도 띄운 듯 조선군의 일거수일투족을 훤히 파악하고 있었다. 정보력의 차이는 당연히 조선군의 패배로 이어졌다. 전국에서 한양으로 진격했던 근왕병들의 연이은 패전 보고는 조선 조정의 저항의지를 급속도로 무너뜨렸다.

특히 조선의 주력군이라 할 김자점 부대는 5,000여명에 이르던 병력 내부분을 졸지에 잃고 말았다. 그러나 치명타는 따로 있었다. 바로 남한산성 부근에서 치러진 쌍령 전투의 어이없는 패배와 몰살이었다. 쌍령 전투의 패배는 인조의 삼전도 치욕의 결정적 이유가 된다.

앞서 언급했지만 청군이 침공하자 조정은 전국 수령방백들에게 근왕병 징집을 명했다. 이에 호응하여 전국 곳곳에서 상당수의 근왕병이 소집되었다. 그러나 이들은 정예병인 청군과는 대적할 수 없는 오합지졸에 불과했다.

더구나 광해군을 실각시킨 서인의 쿠데타였던 인조반정의 여파로 조정뿐 아니라 지방에서도 권력지향주의자들이 득세했던 상황이었다. 따라서 당시 지방의 근왕병을 지휘하는 지휘관들은 상당수는 무인으로서 전략, 전술의 전문성도 부족했고 지휘와 통솔에 능한 리더십을 갖춘 것도 아니었다. 쌍령 전투의 패배는 한마디로 능력이 아닌 연줄로 요직에 앉은 함량 미달의 지휘관이 야기한 총체적 참극이라 보아도 무방할 것이다.

당시 경상도에서 근왕병을 모은 경상감사 심연은 4만의 대 병력을 경상좌병사 허완과 경상우병사 민영에게 맡겼다. 이들은 조정의 명에 따라 인조가 피신한 남한산성으로 진군했으며 산성을 지키기 위해 경기도 광주 부근 쌍령에 진을 쳤다.

쌍령은 이름 그대로 두 개의 낮은 구릉이 작은 골짜기를 사이에 두고 마주보고 있는 곳이다. 쌍령 북쪽에는 남동에서 북서쪽으로 하천이 비스듬히 흐른다. 조선군은 이 지형을 이용하기로 했다. 청군은 북쪽에서 올 것이므로 이 하천으로 방어선을 구축한 것이다.

그런데 여기서 우리는 중요한 기록을 하나 볼 수 있다. 병자호란을 상세하게 기록한 〈연려실기술〉의 한 대목이다.

> 좌병사 허완은 나이가 늙어 겁에 질려 사람을 대하면 눈물을 흘리니 사람들이 그가 반드시 패할 것을 알았다. 우병사 민영과 군사 4만을 합해 고개를 넘어가는데 척후병을 파견하지 아니해 적의 사정을 알지 못했다. - 〈연려실기술〉

실제로 그랬다. 쌍령에 도착한 경상도 근왕병을 이끈 좌병사 허완은 우측 고지에, 우병사 민영은 좌측 고지에 진영을 설치하고 목책을 세웠다.

그런데 허완이 구축한 방어진 구성이 황당했다. 임진왜란 이후 조선군은 조총을 장비했다. 허완은 조총을 쏘는 포수 중 사격이 서투른 자들을 1선에 세웠고, 그 뒤를 정예 숙련 포수가 그리고 3선에 창검으로 근접전을 치르는 살수를 배치했다.

이는 전투를 위한 배치가 아니라 장수를 호위하기 위한 진용이었다. 기록을 보면 이런 배치에 초관(哨官) 이택이 항의한 것으로 나온다. 그러나 허완은 최정예 포수가 적다는 이유로 자신의 뜻을 굽히지 않았다. 게다가 화약을 절약한다고 약 10발 정도만 쏠 수 있는 양의 화약을 배분했다. 설상가상으로 적의 공격방향 조차 알지 못한 채 낮은 곳에 진을 쳤다.

청군은 척후병의 정찰로 조선군의 상황을 확실히 간파했다. 1637년 1월 3일 청군은 조선군이 전혀 예측하지 못한 공격을 감행한다. 선봉대 기마 30기는 무모하게 하천을 건너는 대신 조선군의 위치를 미리 파악하고 기동해서 산줄기를 따라 접근해 왔다. 즉 능선 아래에 진을 친 조선군을 위에서 공격한 것이다.

예측치 못한 방향에서 전개된 청군의 공세에 조선군 포수들은 지급 받은 화약을 일제히 퍼부었다. 그러나 제 1선 포수들은 사격에 서투른 자들로서 겁에 질린 그들의 사격은 맹목사격(盲目射擊)에 불과했다. 요란한 총성과 포연에도 불구하고 청군은 거의 피해를 입지 않았다. 어설프게 남발한 사격으로 조선군 포수들의 화약은 순식간에 바닥났다.

전투가 한창인데 포수들은 화약을 달라고 소리쳤다. 청군에는 조선말을 아는 병사들이 있었다. 화약이 떨어졌다는 소리를 듣고 그 내용을 본진에게 알리자 본진이 급격히 밀어닥쳤다. 이 돌격을 조선군은 감당하지 못했다. 우왕좌왕 병사들이 도망을 치는데 퇴로를 막는 것은 다름 아닌 자신들이 쳐놓은 목책이었다.

위에서는 청군의 돌격, 아래에는 목책, 이를 뛰어넘어 도망치려던 조선군은 전투다운 전투도 해보지 못하고 깔려죽는 시체가 즐비했다. 청군 기마병들은 도망치는 조선군을 도륙하기만 하면 되었다. 순식간에 허완의 부대는 전멸, 거의 모두가 아군에게 밟혀 죽었다고 한다. 이 난전 중 허완은 자결로 생을 마감한다.

경상좌군의 처참한 패배는 우병사 민영의 진영에도 영향을 미친다. 민영이 이끌던 경상우군은 그나마 허완이 이끌던 경상좌군보다는 수비대형을 잘 유지하고 침착하게 사격을 했다. 덕분에 청군도 쉽사리 공격하지 못했다.

하지만 경상우군 또한 화약 배분에 문제가 있었다. 화약을 2냥씩만 배급한 탓에 전투 개시 후 순식간에 화약이 떨어졌다. 적의 공세를 목전에 두고 포수에게 화약을 서둘러 분배하는 북새통에 그만 화약이 폭발하는 불상사가 일어난다. 폭발로 경상우군은 혼란에 빠진다. 그 틈을 놓치지 않고 청군 기병이 돌격했다. 전군이 전멸하고 민영도 전사한다.

청군 기마대 병력은 300기였다. 300의 기마대에 4만의 군대가 몰살당한 것이다. 역사는 이 전투를 원균의 칠천량 해전과 한국전쟁의 현리전투와 더불어 치욕의 3대 패전으로 기록하고 있다.

반면 같은 청군을 상대로 빛나는 승리를 거둔 군대도 있다. 병자호란 당시 일어났던 근왕병 가운데 두드러진 승리를 거두었던 부대가 전라병사 김준룡(金俊龍)이 이끌던 전라도 병력이었다. 역사는 이 승전을 광교산 전투라고 부른다.

당시 전라감사 이시방(李時昉)이 모집한 근왕병은 6,000명 정도, 그 휘하 근왕병을 이끌던 김준룡은 전라도 선봉부대로 2,000명을 이끌고 1637년 1월 4일, 수원 광교산(光敎山)에 도착했다.

그리고 김준룡 부대도 허완이나 민영의 부대와 마찬가지로 청군의 돌격을 차단할 목책을 산 주변에 설치했다. 하지만 진용이 달랐다. 포수를 전면에, 사수(射手, 활을 쏘는 군사)와 창검병을 후위에 배치하여 청군의 공격에 대비한 것이다.

1월 3일 쌍령에서 경상도 근왕병을 몰살시킨 청군은 1월 5일, 5천 병력을 이끌고 광교산 조선군 진영을 공격해왔다.

이 부대는 청군 총사령관 홍타이지의 매부인 양고리(楊古利)가 지휘하던 부대였다. 이를 감안하면 양고리 부대의 전투력은 쌍령에서 경상근왕병을 전멸시킨 부대보다 더 강력하다고 볼 수 있었다. 하지만 이 부대의 공격을 김준룡 부대는 포수의 집중 사격으로 격퇴했다.

첫날 공격에서 이기지 못한 양고리는 이튿날 병력과 화력을 증강하여 다시 공격해 왔다. 기마병의 돌격이 아니라 포를 동원한 포격이었다. 이 포격에 조선군이 수세에 몰렸다. 그러나 당황하지 않은 지휘관 김준룡은 방어선이 무너지자 유격군을 이끌고 청군을 향해 돌격했다. 전투는 순식간에 백병전의 혼전, 난전 양상으로 변했다. 이 와중에 조선군 포수의 총탄에 적장 양고리가 쓰러졌다.

앞서 언급했지만 양고리는 홍타이지의 매부로서 청군의 주요 지휘관이었다. 따라서 양고리 사망은 병자호란 중 청군 최고위급 장성의 사살로써 조선군 최고의 전과 중 하나인 셈이다. 적진은 양고리가 죽으면서 급격히 동요, 전의를 상실했다. 김준룡은 이 틈을 놓치지 않았다. 파죽지세, 질풍노도와 같은 공격으로 병자호란 최대의 조선군 승리를 거두게 된다.

김준룡 부대의 승전보에 남한산성에서 농성 중이던 조선 조정은 환호했다. 그러나 이어지는 병력과 병침지원이 없는 상황에서 김준룡 부대는 광교산에서 계속 버틸 수 없었다. 군량과 화약도 고갈되었다.

김준룡 부대는 분루를 삼키며 수원 남쪽으로 철수한다. 남한산성을 지키거나 탈환할 수 있는 조선군 병력은 이제 존재하지 않았다. 이 상황에서 강화도의 왕자들이 포로로 잡혔다는 소식이 조정에 날아든다. 인조는 결국 삼전도에서 청태종 홍타이지 앞에 무릎을 꿇는다.

역사에 수많은 전쟁이 있었으며 전투가 있었다. 그런데 돌이켜 보면 쌍령 전투와 광교산 전투 같은 극명하게 비교할 수 있는 전투가 많다. 같은 적, 같은 조건임에도 지휘관의 능력에 따라 전투의 결과와 역사가 판이하게 달라지는 것이다.

우리는 이런 상황을 21세기 대한민국에서도 계속 보고 있다. 이회창의 두 번 실패 또한 같은 적에 같은 조건에서의 패배라고 해도 틀리지 않다. 문재인의 실패도 마찬가지다. 문재인 진영이 저지른 수많은 선거의 실패는 모두 적은 같았으며 조건도 비슷했다. 그러나 결과는 끝없이 되풀이 되는 패배의 연속이었다.

전쟁도 선거도 스포츠도 승자와 패자가 극명하게 갈리는데 승자는 언제나 조건을 자신에 맞게 최적화 하며, 풍부한 정보의 축적으로 적의 의도를 간파하고, 누구도 생각지 못한 기발한 작전 구사로 적을 압도하여 승리를 쟁취한다. 승리자는 싸움이 시작되는 순간, 이미 절반 이상 이기고 들어간다는 말은 결코 공허한 찬사가 아닌 냉정한 진실인 것이다.

반면 패자는 패배의 이유를 철저히 분석하여 와신상담의 계기로 삼는 일보다 패배의 책임을 누군가에게 전가하는데 집착한다. 패배의 주체임에도 책임으로부터 자유로운 존재가 자신의 오류를 인정할 이유는 없다. 따라서 다시 비슷한 전쟁이 벌어지면 똑같은 방식으로 똑같이 싸워 똑같은 모양새로 패배를 반복하게 되는 것이다.

때문에 위에서 소개한 두 전투는 우리에게 많은 시사점을 던져준다. 이 같은 전쟁의 승패사를 통해 우리는 이기는 전쟁, 이기는 선거를 꿈꾸며 설계하여 우리의 영광으로 승화시킬 수 있는 방법을 깨우칠 수 있기 때문이다. 다음 본장에서 이어지는 글이 바로 그런 이야기들이다.

제 1 야당의 계파 갈등이 정점에 달했을 때, 당대표 문재인은 이렇게 발언했다.

"이제 이 지긋지긋한 상황을 끝내야 합니다. 국민들은 우리 당의 상황에 진절머리를 내고 있습니다."

야권의 군권(軍權)을 과연 누구에게 허락해야할지 고민하는 대한민국의 주권자들은 문재인에 발언에 이렇게 답하고 싶을지도 모르겠다.

"이제 이 지긋지긋한 '패배'를 끝내야 합니다. 국민들은 '야당'의 '끝없는 패배'에 진절머리를 내고 있습니다."

제 1 장

심리전의 선과 악

1. 돌아오지 못해도 본토를 폭격하라
둘리틀 부대의 일본 본토 폭격

둘리틀 공습(Doolittle Raid, 1942년 4월 18일)은 제2차 세계대전 당시 미일 태평양전쟁 과정에서 제임스 해롤드 둘리틀(James Harold Doolittle) 중령이 지휘한 B-25 미첼 경폭격기 편대가 일본의 심장인 도쿄와 고베 등 본토를 폭격한 사건이다. 이 폭격에 참여한 둘리틀부대의 조종사들은 다수가 희생되었지만, 제2차 세계대전의 역사를 바꾸는 주역이었다.

1941년 일본이 진주만을 기습 공격한 것은 중일전쟁의 승기를 잡은 일본의 팽창정책을 그대로 두면 안 된다는 미국과 영국의 일본 압박에서 비롯되었다. 중국을 침략하고 동남아로 전선을 넓히면서 위세를 자랑하는 일본을 제어할 목적으로 미·영 양국은 고철 수출을 금지했는데 이는 일본의 무기제조를 막기 위한 정책이었다.

이후 석유수출 금지, 미국 내 일본재산 동결, 일본 선박의 파나마운하 통과 거부 등 다각도로 중국 내에서의 군사행동을 위축시키고자 했다. 특히 석유 수출 금지는 대부분의 석유를 미국과 인도네시아에서 수입하던 일본에게 치명적인 위협이었다.

일본은 막다른 골목에 몰렸다. 중국과 아시아를 장악한 뒤 세계를 정복하려는 팽창정책을 포기하고 미국과 영국의 외교적 압박에 굴복, 중국에서 철수할 지경에 몰린 것이다.

반면 이런 굴복이 아니라면 전쟁을 도발하여 동남아시아를 무력으로 장악, 인도네시아 등의 유류자원을 확보하는 길이 있었다. 그리고 일본은 이 길을 선택한다.

1941년 11월 26일 도조 히데키 수상은 각료들에게 외교적 노력의 한계를 천명한다. 이어서 수상과 각료들은 개전을 결의한다.

드디어 1941년 12월 7일 아침, 일본의 항공모함 기동부대에서 발진한 함재기들이 하와이 열도의 오아후섬 진주만 미군기지에 기습공격을 감행한다.

미국은 일본의 전쟁 도발을 어느 정도 예상했지만, 외교적 해결을 촉구하는 일본의 기만책과 공격의 핵심인 항모기동부대의 위치 파악에 실패하여 태평양 주둔 전력의 심장부인 진주만에 통렬한 일격을 당하고 만다.

결국 이 기습공격으로 미국은 12척의 해군 함정이 피해를 입거나 침몰했고, 188대의 비행기가 격추되거나 손상을 입었다. 인명 피해도 엄청났다. 공식적으로 2,403명의 군인 사상자와 68명의 민간인 사망자가 나왔다. 진주만 기습의 대성공이었다. 이 여세를 몰아 일본은 파죽지세로 동남아와 중부 태평양 일대를 석권해 나갔다.

미국은 절망적 수세에 몰렸다. 진주만 기습과 동시에 유럽전선에서 독일과 전쟁에 돌입한 미국의 입장에서 태평양전선은 아무래도 우선순위가 밀릴 수밖에 없었으므로, 진주만 공격에서 상실한 전력을 복구하는 데에는 상당한 시간이 필요했다.

제공권과 재해권을 장악한 일본군에 맞설 수 있는 연합군 전력은 존재하지 않았다. 말레이시아, 싱가포르, 홍콩에 이어 미국의 동남아 최대 식민지 필리핀마저 속수무책으로 일본에게 점령당했다. 급기야 진주만 기습 100여 일이 지난 1942년 2월 24일, 일본 해군 잠수함이 미국 본토 캘리포니아 주 산타 바바라 엘우드의 정유소를 포격하기에 이른다.

이 포격사건은 미국 전역에 큰 충격을 주었다. 미군과 미국인의 사기는 땅에 떨어졌다. 유럽 전선의 전황도 녹록치 않은 마당에 미국으로서는 무엇인가 분위기를 일신할 수 있는 계기가 절실했다.

그래서 나온 아이디어가 바로 일본본토 폭격이었다. 일본 심장부에 폭탄을 떨어뜨린다는 발상은 듣기만 해도 삼년 묵은 체증을 뚫어줄만한 통쾌한 뉴스가 되겠지만, 문제는 이게 가능하냐는 점이었다.

태평양 여러 섬 중에서 일본본토 폭격이 가능한 거리에 미군기지는 없었다. 결국 항공모함 함재기로 공격해야 했지만 미군 폭격기 중 항모에서 이륙 가능한 기종은 없었다.

여기서 미국인 특유의 '기발함'과 '낙천주의'가 위력을 발휘한다. 그들은 일단 공격기종으로 함재기가 아닌 B-25 미첼 경폭격기를 선택한다. 폭격기가 이륙할 수 있는 육상기지가 없다면 항공모함에서 폭격기를 출격시키면 되지 않겠냐는 지극히 상식적이면서도 기발한 발상을 한 것이다.

일단 '출전 선수'가 결정되자 모든 것은 일사천리로 진행된다. 작전내막은 전혀 모른 채 그저 '쨉'(당시 미군이 일본군을 멸시하며 부르던 호칭)의 심장부를 뒤흔드는 작전이라는 한마디에 무수히 많은 비행사들이 작전 참가를 자원했고, 이들을 대상으로 항모갑판거리에서 폭격기를 이륙시키는 지옥훈련이 시작된다.

어차피 기습작전이므로 무게를 줄이기 위해 폭격에 필요한 장비를 제외한 모든 것들이 비행기에서 제거된다. 심지어 방어용 기관총마저 모두 떼어 버린다. 이 폭격기는 항모에서 억지로라도 이륙은 가능하지만 착륙은 불가능했다. 그래서 공격 항모의 일본본토 침투는 폭격기의 왕복거리가 아닌 편도로 계산했다.

그렇다면 공격부대의 귀환은? 역시 기발했다. 일본 본토를 통과하여 그대로 직진, 남은 연료 사정에 따라 미국의 우방인 중국으로 날아가기로 했다.

1942년 4월 18일. 공격 편대장 둘리틀 중령의 지휘 하에 B-25 미첼 폭격기 16대가 태평양 한복판 미군 항공모함을 이륙했다. 이들은 도쿄, 요코하마, 요코스카, 가와사키, 나고야, 고베, 욧카이치, 와카야마, 오사카 등 일본 본토 각지를 폭격했다.

이 폭격으로 도쿄 등 일본 본토에서 363명이 사망하거나 부상했으며, 약 350동의 가옥이 전파되거나 반파되었다. 자신들 본토에 미군들의 폭탄은커녕, 총탄 한 발도 떨어질 수 없다고 자신만만해 하던 일본의 의표를 찌른 통렬한 일격이었다.

그러나 미군의 피해도 적지 않았다. 공격 항모가 출격 지점에 못 미쳐 일본 초계함에게 발각되어 계획보다 먼 거리에서 공격 편대를 발진시킨 결과 상당수의 폭격기가 연료부족으로 예정 목적지인 중국 본토 도달에 실패했다.

출격한 16기의 폭격기 중 온전히 목적지에 착륙한 것은 1기뿐이었다. 12기는 중국 대륙 내 일본군 점령지역 부근에 불시착했고 3기는 중국 영해에 추락했다. 나머지 1기만 소련의 블라디보스토크에 착륙한 것이다.

미군 인명피해는 전사 1명, 행불 2명, 포로 8명이었다. 나머지는 중국인들의 도움으로 미국으로 귀환하는데 성공한다. 그 보복으로 일본군은 중국 민간인을 학살하는 만행을 저지른다. 하지만 이들의 희생으로 둘리틀 부대는 마침내 임무를 완수할 수 있었다.

하지만 이 정도 전과로 일본이 전술·전략적으로 의미 있는 피해를 입었다고 볼 수는 없었다. 일본 군부나 언론도 표면적으로는 둘리틀부대의 폭격을 미군의 무모한 장난 정도로 치부했다.

하지만 겉으론 그랬음에도 내심 일본군 지도부의 심리적 충격은 엄청났다. 자신들의 영공은 불침의 하늘이라 호언장담하던 일본군부, 특히 해군 수뇌부는 심각한 위기의식마저 느끼게 된다.

13세기 여몽연합군의 일본정벌 실패 후 단 한 번도 일본본토는 적국의 직접 타격을 받은 적이 없었다. 1937년 중일전쟁 이후 일본은 전시상태였지만, 일본 국민들에게 전쟁은 매스컴에서 선전하는 승전소식과 참전한 가족의 전사통지서가 전부라 해도 과언이 아니었다.

그런데 어느 날 갑자기 자신들의 머리 위로 폭탄이 떨어졌다. 국민들이 전쟁을 주도하는 군부에 품게 된 불신과 불안감은 알게 모르게 퍼져가기 시작했다.

반대로 미국은 비록 일본에 큰 피해를 입히진 못했지만 정부와 군의 자존심을 세워준 사건이 되었다. 그래서 이 폭격 성공을 대대적으로 홍보했다. 땅에 떨어진 미국인의 사기는 바닥을 치며 고양되어갔다. 이 같은 둘리틀 공습은 예상치 못한 '나비효과'를 가져온다. 바로 미드웨이해전이다.

태평양전쟁에서 일본군 주공은 호주 쪽 남방이었다. 그런데 둘리틀부대의 도쿄 폭격 사건 이후 일본은 미 해군을 보다 더 동쪽으로 밀어내야 한다고 판단했다.

그래서 미 해군을 중부 태평양으로 유인해서 섬멸하기 위해 진주만에 버금가는 미군의 거점인 미드웨이 공격을 시도했다. 하지만 이 해전에서 암호를 해독당한 일본군은 미 해군에게 완패하며 무적 일본군의 신화가 무너지기 시작한다. 태평양 전쟁의 판도는 미드웨이해전을 기점으로 일대 전환기를 맞게 된 것이다.

2015년 한국 정치판도는 대통령 박근혜와 새누리당이 재해권, 제공권은 물론, 모든 거점까지 장악하고 야당을 일방적으로 밀어붙이는 상황이다. 반전의 계기가 조금이라도 보일 것 같으면 박 대통령은 강공 모드로 이를 돌파해 버린다. 그 결과 야권의 사기는 땅에 떨어지고 여권은 대통령의 일방 독주 체제가 구축된다.

이는 박근혜 정권 출범 후 계속 이어진 형국이지만, 2015년만으로 한정하고 봐도 마찬가지였다. 대통령 직계가 아니라는 김무성 의원이 대표가 되면서 아슬아슬한 대치가 이뤄지는 것 같았으나 결과는 항상 대통령의 공격이 먹혀들면서 한 치의 빈틈도 허락지 않았다.

국회법 파동과 유승민 원내대표 사퇴 사건은 사실상 여권 내분이었다. 그래서 언론도 '박근혜 대통령과 유승민 원내대표의 전쟁'으로 표현했다. 그러나 이 같은 '내분'이 야권에게 결코 반사이익을 가져다주지는 못했다. 오히려 유승민이란 정치인을 정치 지도자 반열에 올려놓으며 새누리당의 또 다른 대안으로 등장시키는 모양새가 되었다.

때문에 야당에게는 유승민이 살아나면 살아나는 대로, 죽으면 죽는 대로 실익이 없다. 살아나면 박근혜 이후 대중적 파괴력이 있는 정치 실력자가 등장하는 것이며, 죽게 되면 김무성이 박근혜 아바타와 다름없는 대권주자가 될 것이다.

야당에겐 둘 다 버거운 상대다. 야당에서 그들을 이길 수 있는 대항마가 있으면 두려울 게 없겠지만, 현재 거론되는 야권 대선후보군과 이들의 가상대결구도는 누가 봐도 야권의 패배일 가능성이 압도적으로 높다. 따라서 정치권 판도를 획기적으로 바꿀 수 있는 전략과 전술이 절실하게 요구된다. 1942년 일본이 전혀 예상하지 못했던 일본본토의 폭격을 감행한 둘리틀편대의 폭격 같은 기상천외한 작전처럼.

　둘리틀작전에 일격을 당한 일본은 겉으로는 "별 데미지 없어"라고 태연했으나 내부적으로 상상 이상의 엄청난 심리적 트라우마를 입었다. 제공권과 제해권을 장악한 상태에서 수 백 마일 떨어진 육상에나 있는 미군 폭격기가 일본본토를 폭격했다는 사실. 그렇게 되도록 아무런 대비도 못했다는 사실, 이는 실제적 피해 수치의 몇 십 배, 몇 백 배 이상의 크나큰 데미지를 입혔다.

　일본 수뇌부는 이를 전혀 내색하지 않고 큰소리쳤지만 또 다시 당할 수 없다는 조바심은 그들로 하여금 전술·전략적 무리수를 두게 만들었다. 그 무리수가 미드웨이 공격이었으며, 조바심의 산물에 불과했던 이 해전의 패배는 또 다른 조바심과 무리수를 야기하는 도미노가 되어 결국 일본을 파멸로 몰고 가게 되었다.

　무림 고수가 급소를 찌른 정권 한방은 상대방의 몸에 멍 하나도 남기지 않지만 몸 안의 오장육부를 엉망으로 만든다고 했던가. 겉으로는 아무렇지 않은 듯 사소한 사건이지만 상대방 내부에 엄청난 충격파를 주게 되는 작전, 그런 작전을 수행할 부대와 장수가 정치의 전쟁판에도 있어야 한다는 교훈이다.

19대 국회 제1야당 새정치민주연합(현 더불어민주당)은 2014년 순천, 2015년 광주, 관악 그리고 성남의 국회의원 보궐선거 등 각종 선거에서 졌다. 이 패배는 전쟁으로 말하자면 국지전이지만 사실상 야당이 큰 타격을 입은 전쟁이다.

야당이 "별 데미지 없어"라고 말하기 어려운 패배였기에 야당은 데미지를 감추기보다 패배의 책임을 지울 희생양 찾기에 골몰했다. 야당의 각 계파는 "너 때문에 졌다."는 책임의 폭탄 돌리기 게임에 휩쓸렸다.

이 싸움에서 퇴진 압박을 받은 제1야당 문재인 대표 등 주류는 폭탄 돌리기 게임의 키를 당 혁신이란 미명 하에 혁신위를 출범시키면서 모두의 공동책임으로 돌리려 했다.

하지만 이 혁신위 게임은 폭탄 돌리기의 완결판으로 흘렀다. 혁신위의 출범과 혁신안을 두고 벌어진 계파싸움이 끝을 모르게 진행되다가 당의 한 축이라던 안철수 전 대표의 탈당을 불렀다.

혁신위 스스로 다음 싸움에서 이길 장수를 키우고 전략을 연구하기보다 상대방의 유망한 장수를 자르고 상대방 계파 세력을 줄이기 위한 계책을 '혁신안'으로 포장하면서 내부 동력의 상실을 야기했다는 비판에서 자유롭지 않았다.

입으로는 '혁신하고 통합하면 살 수 있어.'를 외치지만 그 참뜻은 "우리 편 아닌 너는 죽어라."이니 '너희 편 아닌 내가' 과연 그것을 받아들일 수 없는 상황으로 간 것이다.

이미 패배가 생활이 되고 습관으로 체화되기까지 한 제1야당 정치인들은 여당을 두려운 존재나 이겨야할 대상으로 인식하지 않는 것 같다. 어차피 싸워봐야 질뿐이라는 패배주의에 사로잡힌 그들이니 질 싸움이면 피하면 그만이라는 생각이 앞서는 것으로 보인다.

하지만 이들에게 자신들을 대체할 다른 야당 세력이 출현한다는 것은 아주 두려운 시나리오다. 여당에 패하더라도 사라지진 않지만 대안세력에 패하면 아주 사라질 가능성이 높다. 물론 대안세력의 구체화는 야권 발 신당의 출현이다. 그러므로 당의 모든 공격수들은 신당에 대해 매서운 공격을 감행한다.

제1야당 입장에서 이는 여당에게 패한 것보다 끔직한 치명타가 되기 때문에 대안세력은 여당에게 갖는 적개심보다 더 큰 적개심과 투지를 일으키는 대상이 된 것이다. 그래서 신당이라는 대안세력의 구체화를 막기 위해 '혁신과 통합'을 주장하고 '무서운 여당'을 외친다.

그런데 이 신당추진세력이 '귀퉁이 때리기'만 자주하면서 생각처럼 파괴력을 발휘하지 못하고 있다. 그 결과 제1야당은 '대안세력 현실화'의 두려움에서 벗어나고 있다.

야권 발 신당은 왜 찻잔 속의 태풍을 벗어나지 못할까? 그것은 신당이 주창하는 정치가, 신당이 올리는 깃발이, 신당이 구사하는 전략과 전술이 결국 패배가 일상화된 제1야당의 그것과 본질적으로 큰 차이를 보이지 못하기 때문일 것이다.

객관적인 모든 전력에서 열세에 몰렸던 미국은 상식을 깨는 둘리틀 폭격대의 작전으로 적의 핵심을 타격했다. '귀퉁이'가 아니라 '본토'를 때린 것이다.

도마뱀의 꼬리를 자르기는 쉽다. 하지만 잘라도 잘라도 꼬리는 다시 자란다. 이런 싸움에서 지쳐 나가떨어지는 것은 당연히 밑천과 힘이 부족한 편일 수밖에 없다.

이러한 싸움 모델은 2015년 한국정치에 그대로 대입될 수 있다. 제공권과 재해권과 주요 거점까지 장악한 보수진영의 집합체 여당은 지금 대적불가 수준의 적수다.

제1야당은 현안이든 선거든 모조리 패배만 하므로 이를 대체할 세력이 필요하다는 여론은 이미 임계점을 넘은 잠재적 폭발력을 가지고 있다. 하지만 이러한 여론에 불을 붙여 폭발시킬 역량을 가진 정치인과 정치세력의 등장은 여전히 요원한 실정이다.

땅에 떨어진 미국인의 사기가 둘리틀 편대의 폭격으로 한순간에 바닥을 치고 용트림을 했듯 야권에도 그러한 전기를 마련할 정치적 이벤트와 승리 그리고 이를 견인할 정치인과 정치세력의 출현이 절실하다.

그러기 위해선 무엇보다 보수여권세력의 심장이라 할 새누리당 핵심지역을 폭격해야 한다. 그래야만 적의 두려움을 배가시킬 수 있으며 그 두려움이 적의 조바심을 초래할 것이며 그 조바심은 반드시 적의 무리수를 불러올 것이다. 그러면 우리는 당연히 싸우기 전에 절반은 이기고 들어갈 수 있다.

이렇게 야권에게 정치판의 둘리틀 폭격이 절실하게 필요한 순간이다. 그런데 오히려 정반대의 현상이 나타나고 있다. 순천에서 새누리당이 이정현이란 둘리틀을 보내 야당 본토폭격에 성공한 것이다. 여세를 몰아 새누리당은 다음 선거에서 다시 호남권 추가 의석을 노리며 제1야당을 아주 제압하겠다고 한다.

그러나 제1야당은 당 대표부터 본토 폭격작전 자체를 두려워하며 우회작전을 구사할 명분만 찾고 있다. '바보'라는 말까지 들어가며 끊임없이 적의 핵심 타격을 시도한 끝에 마침내 정권을 잡은 노무현 전 대통령의 유지를 따른다는 야당이 실제 정치적 처신은 전혀 다르게 하고 있는 셈이다.

김대중 전 대통령의 '동진정책'도 본토폭격의 의지를 집요하게 보여준 것이다. 김중권 권정달 엄삼탁 등의 영입과 요직 중용, 심지어 목포상고 출신의 권노갑을 안동 권씨라는 이유 하나로 안동지구당 위원장을 맡겨 보수진영 본토폭격을 시도했었다.

그러나 지금 제1야당은 아예 이 같은 폭격작전은 꿈도 꾸지 못하고 있다. 유시민이 시도했다 물러난 뒤 김부겸 혼자서 '둘리틀'이 되려고 하지만 연료도 폭탄도 부족해 매우 버거운 전쟁을 하고 있다. 그럼에도 당 대표는 점령했던 적진의 교두보를 내주고 철수하겠다고 하는 지경이다.

이 같은 제1야당의 무력함을 질타하며 대체하겠다고 나선 신당 세력은 그럼 어떻게 해야 하는가? 제1야당으로 만족하려는 세력의 본토를 폭격하는 것이 우선 추진해야 할 작전이다. 즉 제1야당을 대체하여 새롭고 강한 야당을 건설하겠다는 야권 발 신당이 반드시 명심해야 할 작전 개념인 것이다.

신당이 제1야당의 심장인 호남과 수도권에서 강한 심리적 타격을 가하면 호남을 그저 표 자판기 정도로 취급했던 '직업 야당인'들은 1942년 일본 군부 핵심들이 가졌던 두려움보다 더욱 큰 두려움을 갖게 될 것이다.

이미 지난 4.29 재보선에서 제1야당의 심장인 광주 본토를 폭격당한 뒤 제1야당은 겉으로는 '별 데미지 없어'로 상황을 수습하려 했다.

하지만 내부적으로 엄청난 에너지를 소비하면서 '혁신', '재신임' 등의 내분을 겪었다. 그러나 그 내분은 치유되지 않고 분열이 현실화된 상태다. 만약 20대 총선에서 다시 본토 폭격이 성공한다면 이 당은 존재할 수 없을지도 모른다.

그러나 신당파의 궁극적인 목표가 제1야당을 대체하는 것이 아니라 정권탈환에 있다면 호남의 심장인 제1야당 본토 때리기와 병행, 보수 여권 본토에도 둘리틀 작전을 감행해야 한다. 대구 부산 수도권 강남 분당 벨트에 둘리틀이 지휘하는 정예 폭격기를 투입, 내상을 입혀야 한다.

둘리틀 편대의 폭격기는 돌아올 연료를 싣지 않았다. 최소한의 자기방어에 필요한 기관총, 무전기도 싣지 못했다. 오로지 적의 심장부에 떨어뜨릴 폭탄만 안고 날아올랐다. 이는 죽음을 불사한 공격이었다는 의미이다.

하지만 그들의 목표는 선명했고 달성됐다. 적에게 너희들 본토도 결코 안전하지 않다는 두려움을 야기하는 타격 자체가 목표였는데, 이 목표를 완벽하게 달성한 것이다. 이 폭격 사건으로 적은 두려움에 쌓였으며 그 두려움이 조바심과 무리수를 불렀다.

우리 선거 역사를 더듬으면 이 두려움이 무리수를 부른 사례는 무수하다. 그리고 그 무리수는 필경 패배라는 결과를 낳았다. 대표적으로 1960년 3·15 부정선거, 1971년 대선과 총선, 1978년 10대 총선이 이에 해당될 것이다.

'60년 3·15 정·부통령 선거'는 이승만의 고령, 상대적으로 강한 야당의 힘과 지지세, 그리고 장면이란 대항마의 존재 때문에 자유당 주류와 이기붕을 초조하게 하여 무리수를 불렀다. 그 무리수는 전면적 부정선거였으며, 그 결과 정권이 무너지고 이기붕의 일가족은 목숨마저 잃었다.

1971년 대선에서 김대중은 졌지만, 박정희의 심장까지 때릴 정도의 폭격은 성공했다. 이 폭격의 영향은 대선 직후 치러진 총선에서 더 극명하게 나타났다. 선거 직전 '진산파동'이 있었음에도 불구하고 신민당은 전국 44.8퍼센트를 득표하면서 이전보다 무려 52석이 증가한 89석을 얻어내면서 공화당과 박정희 정권을 흔들었다.

이 두 번의 선거에 대한 두려움을 느낀 박정희가 유신을 단행한다. 따라서 이 선거가 유신을 하게 만든 원동력이다. 그리고 유신은 궁극적으로 박정희를 죽음으로 이끈 친위 쿠데타였다. 이겼으므로 "별 데미지 없어" 모드였으나 엄청난 내상을 입었다는 증거다.

1978년 10대 국회의원 총선거도 마찬가지다. 유신체제 당시 신민당은 1구2인 선출이란 선거제도 때문에 당선자 수는 공화당보다 7석이 적은 61석을 획득했으나, 전국 득표율은 32.8퍼센트로 31.7퍼센트를 얻은 집권 공화당보다 1.1퍼센트를 앞섰다.

그런데 이보다 더 중요한 것은 야권 2당인 민주통일당이 의석은 단 2석에 불과했으나 전국 득표율은 7.4퍼센트를 획득했다는 점이다. 이를 합하면 야권 전체 득표율이 여당인 공화당 득표율을 10퍼센트 가까이 넘어섰다.

이 선거 후 야당은 기세등등했고 여당은 심리적 위축감이 상당했다. 그래서 김영삼 제명이란 무리수를 뒀으며, 이 무리수는 부마항쟁, 김재규의 박정희 저격 같은 사태를 불렀다. 겉으론 "별 데미지 없어"였는데 스스로 무너진 것이다.

본토 폭격, 둘리틀 부대원은 돌아오지 못할 것을 알면서 일본본토를 폭격했다. 제1야당도 신당파도 본토를 폭격할 둘리틀 부대원을 양성하고 그 작전을 시행해야 한다. 둘리틀과 그 부대원들처럼 돌아오지 못할 것을 각오하고 여권의 심장을 타격해야 한다.

2. 창조는 파괴로부터 시작된다
'반자이 어택'과 친노

태평양전쟁 후반 '전원옥쇄'의 자세로 저항하는 일본군을 가리켜 연합군의 한 장성이 이런 말을 남겼다.

"군인은 '마지막 한 발, 최후의 한 명이 남을 때까지 싸워라'는 훈련을 받고 실제 전투에서도 명령을 받지만 정작 실전에서 그렇게 싸우는 군인은 존재하지 않는다. 모두 죽는 패배가 확실하면 손들고 항복하는 것이 인간이고 군인이다. 그러나 단 하나 예외가 있다. 우리와 맞서 싸웠던 일본군은 정말로 최후의 한 명이 마지막 총알을 쏘고 죽을 때까지 항복하지 않았다."

일본의 진주만 기습으로 시작된 미일 태평양전쟁은 승승장구하던 일본군의 기세가 꺾인 1943년을 기점으로 미국의 일방적 공세로 판도가 바뀐다. 전쟁 초반 일본군에게 점령당했던 태평양의 섬들은 차례차례 미군에게 탈환된다.

그런데 섬 공방전의 마지막을 장식하는 것은 언제나 일본군의 '전원옥쇄공격'이었다. 미군의 압도적 공격으로 섬 귀퉁이에 몰려 포위당한 일본군들은 굶어 죽든가 항복하든가 둘 중 하나를 선택해야 했다. 그런 상황이 오면 일본군들은 예외 없이 전원 착검하고 미군을 향해 돌격하곤 했다.

와전옥쇄(瓦全玉碎, 기와로 남느니 옥으로 부서진다)라는 중국 고사성어에서 이름 붙여진 일본의 옥쇄공격을 미군은 경멸을 담아 "반자이(萬歲) 어택(attack)"(다 같이 만세 부르면서 죽기 위해 돌격한다는 뜻)이라고 부른다.

철조망과 중화기로 지켜지는 미군 참호선을 향해 탄환도 없어서 대검이 꽂힌 빈총만 들고, 심지어 총도 없는 군인은 죽창을 들고, 그것도 모자라 군속 등 민간인들까지 총동원하여 자살 공격을 서슴지 않던 일본인들을 마주했던 미군들은 황당함을 넘어 측은함마저 느낄 지경이었다.

1943년 이후 태평양에 흩어진 섬마다 벌어졌던 일본군의 '반자이 어택'은 하늘에서 새로운 버전으로 '진화'한다. 항공기를 그대로 전함에 들이박는 자살 공격인 '가미가제 특공대'가 바로 그것이다.

1944년 늦가을부터 시작된 가미가제 전술이 일본군의 정규 작전으로 자리 잡은 순간, 이미 일본의 전쟁은 이기기 위한 싸움이 아니라 모두 함께 죽기 위한 발악이 되어 버린다. 이 같은 반자이 어택과 가미가제가 하염없이 반복되었어도 일본의 영역은 갈수록 좁아져 가며 마침내 일본열도 전체가 미군 폭격기의 융단폭격을 받게 된다.

그래도 일본은 여전히 전쟁을 멈추려 하지 않았다. 원폭이 떨어지고, 소련이 대일전을 전개하며 만주로부터 파죽지세로 밀고 내려올 때에야 비로소 항복한다.

그런데 일본의 항복을 결정지은 것은 다름 아닌 일본 천황의 '황명'이었다. 그리고 70년이 지났다. 많은 사람들은 지금도 태평양전쟁에서 보여준 일본의 집단적 광기를 이해하지 못하고 있다.

도대체 무슨 이유로 1억 일본인들은 이길 수 없는 상황에서 죽기 위한 전쟁을 끝까지 멈추지 않았을까? 당시 그들이 아무리 자신들의 천황을 신과 동일시하는 가치관으로 세뇌되었다고 하더라도 1억 옥쇄의 결의를 불태우던 투지가 어떻게 천황의 황명 하나로 간단하게 다스려질 수 있었을까?

일본군은 '반자이 어택' 전 점령지 최고 지휘관들이 집단 할복자결 의식을 치렀다. 책임질 사람을 아무도 남기지 않은 것이다. 쉽게 말해 그들의 머리에 미래는 없었다. 그래서 패배 후 전후처리라는 개념 자체가 없었다.

사이판의 경우 일본 영토로서 많은 수의 일본 민간인들이 전쟁의 참화에 휘말렸지만, 섬을 수비하던 일본군 지휘부는 민간인들의 운명에는 전혀 관심을 두지 않았다.

아니, 오히려 '패전한 국가의 국민은 살 자격이 없다. 미군의 포로가 되어 능욕을 당하느니 차라리 죽으라.'는 메시지를 부단히 전파하여 수천 명 민간인들의 자살을 방조했다.

전쟁에는 승자와 패자가 있다. 패배는 치욕이지만 '전쟁에 진 국가의 국민이 모두 죽어야 한다.'는 것을 강조하는 통치자는 정말로 용납할 수 없는 만행을 저지르는 통치자다.

병자호란 당시 인조는 삼전도에서 청태종에게 무릎을 꿇고 절을 올리는 수치스러운 장면을 우리 역사에 남겼지만, 그의 왕권과 자존심을 위해 조선 백성 모두의 죽음을 요구하진 않았다. 반대로 백성들의 애꿎은 목숨이 전쟁에서 죽어나가지 않도록 치욕스런 항복의 모습을 보였다. 인조는 무능한 군주임에 틀림없었지만 그렇다고 야만적인 인간은 아니었다는 뜻이다.

반면, 태평양 전쟁을 주도했던 일본 호전광들은 자신들의 패배를 일본의 종말과 동일시했다. 미국을 상대로 애초부터 승산 없는 전쟁을 벌여놓고, 막상 그 결과가 자신들도 감당 못할 파국으로 돌아오자 자신들의 책임을 일본 국민 전체의 책임으로 전가시켰다.

그래서 미국에 대한 적개심을 부단히 고취시켰으며, 패배의 치욕을 죽음보다 더 무서운 수치로 인식시키며 그것으로 자신들의 책임을 모면하려 했다.

만약 1943~1944년쯤 일본 군부가 전쟁을 일으킨 자신들의 책임을 깨끗하게 인정하고 항복하는 길을 선택했다면 태평양전쟁의 양상은 어떠했을까?

그렇더라도 그들이 침략으로 강탈한 영토는 모두 잃게 되었을 것이다. 또 전쟁을 일으켰던 군부 지도자들은 전범으로서 단죄를 받았을 것이다. 그렇게 제국주의 일본은 자신들이 쌓은 모든 것을 잃어버렸을 것이다.

하지만 일본 본토를 포함한 열도 전체가 폭격으로 쑥대밭이 되고, 원폭 세례까지 받는 참극만은 모면할 수 있었을 것이다. 전후 70년이 지난 지금까지 원폭 피해로 후손까지 고초를 겪는 일도 생기지 않았을 것이다.

하지만 일본 호전광들의 선택은 정반대였다. 수백만 명의 생명과 폭격으로 초토화되는 일본 열도를 제물로 바치며 전쟁을 멈추지 않았다.

그러면서 국민을 향해 집요한 요구를 반복했다. '패배한 황국 신민에겐 생존 자격은 없다. 양키들의 노예가 되어 능욕을 당하느니 차라리 모두 함께 죽는 게 낫다.'라는 주문을 외우도록.

이 주문에 세뇌되어 전쟁의 광기에 휩쓸린 일본 국민들은 제국주의 일본과 수천 년 역사를 이어 온 일본을 전혀 구분하지 못했다. 그래서 패배하면 모든 것이 종말이라고 생각했다. 전쟁에 지더라도 다시 시작하여 후손들을 위한 터전을 재건해야 한다는 생각은 전혀 하지 못했다.

설령 이성적이고도 양심적인 몇몇 사람들이 그렇게 생각했더라도 호전광들의 선동에 묻혀 미미한 반향조차 낼 수 없었다. 이것이 반자이 어택과 가미가제로 상징되는 태평양전쟁 당시 일본 국민을 지배했던 광기의 실체다.

그렇다면 일본인들이 '천황'의 '황명' 하나로 무조건 항복을 받아들인 이유는 무엇이었을까. 그것은 승전 연합국의 '천황제 보장'이었다.

이 '천황제 보장'이 의미하는 바는 바로 호전광들이 이끌었던 군국주의 일본과 수천 년 역사를 이어온 일본의 분리였다. 그리고 패전 후 군국주의 일본을 앞에서 이끌었던 호전광들은 모두 단죄되었다.

2015~2016년 현재 제1야당 주류로 군림하는 친노 정파가 현 야권의 헤게모니를 장악한 지도 어언 10년이 넘는다. 그러나 그 십 년 세월은 야권이 여권에게 끊임없이 패배를 되풀이한 오욕과 수치의 세월이기도 하다. 노무현에서 문재인에 이르는 기간이다. 비노계가 당권을 잡은 때도 있었지만 지난 2002년 이후 현 야권의 주류는 누가 뭐래도 친노 정파이다. 그러므로 지난 10여 년 야권 정치역사는 친노의 패배 역사라고 해도 과언이 아니다.

이들은 탄핵의 반사이득으로 국회 과반수를 간신히 달성한 2004년 총선을 제외하고 단 한 번도 의미 있는 승리 없이 패배만 되풀이 해왔다.

혹자는 정동영의 대선실패가 가장 큰 원인이라고 하지만 틀린 말이다. 노무현 집권 당시 2004년 총선 이후 벌어진 각종 재보궐 선거에서 노무현 세력은 무려 44–0이란 찬란한(?) 패배의 기록을 세웠다. 특히 2006년 지방선거에서 집권 열린우리당은 수도권 지역구 광역의원 선거의 전패라는 엄청난(?) 기록을 세웠다.

당시 지역구 광역의원 수는 서울 96석, 경기 108석, 인천 30석… 도합 234석이었으나 이중 집권당인 열린우리당은 단 1석도 얻지 못하는 참패를 당했다. 무려 234 : 0이다. 더 참담한 것은 광역단체장 16곳 중 집권 열린우리당은 전북 1곳, 호남당이라고 손가락질을 했던 민주당이 전남과 광주 2곳, 무소속이 제주 1곳… 나머지 12곳은 한나라당이 싹쓸이를 했다. 그리고 수도권의 시장, 군수, 구청장 등 기초단체장 당선자 중 집권 열린우리당 소속은 구리시장에 당선된 박영순 한 명 뿐이었다. 반면 한나라당은 서울 25개 구청장 전승, 인천은 무소속이 당선된 강화군수 빼고 8곳, 경기도는 구리시 외 무소속이 당선된 양주시, 가평군, 양평군 등 4곳 빼고 23곳 승리라는 1당 상황을 만들었다.

우리나라 선거 역사상 4.19 민중혁명으로 치러진 선거 말고, 집권당이 이처럼 처참하게 패한 선거는 없었다. 때문에 이 선거를 기화로 열린우리당은 소멸의 길을 걸었다. 즉 노무현 대통령이 집권한 뒤 모든 특권을 타파한다며 집권세력을 동강내고 만든 '100년 정당 열린우리당'은 창당 3년의 역사가 되기도 전에 이 선거를 통해 처참한 종말을 예고한 것이다. 그리고 이 같은 결과는 누가 뭐라고 해도 '순혈주의'를 고집한 노무현과 그 패밀리의 독선과 아집에 의한 '마이너스' 정치 때문이었다.

이런 흑역사에도 불구하고 그로부터 10년이 지난 2016년 총선을 앞두고 이 열린우리당 주류세력이 자신들만이 정권교체를 할 수 있다며 자신들을 반대하는 진영 내 반대파들을 지역패권주의자, 기득권자, 썩은 구정치인, 새누리당 세작, MB아바타, 호남퇴물 등의 이름을 붙여 몰아내면서 또다시 '순혈주의'를 고집하고 있다. 그래서 이 같은 낙인이 찍혔거나, 아니면 그 같은 낙인찍기 정치는 안 된다는 세력이 떨어져 나와서 '신당'이라는 이름으로 각개약진을 하고 있다. 그것이 2016년 1월 현재의 정치 기상도다.

다시 말하지만 이 같은 야권의 패배는 오로지 노무현의 정권관리 실패와 그로 인한 지지층 분열에 기인한다. 그리고 지지층 분열의 원천은 현재 친노로 통칭되는, 이른바 '영남패권세력'임은 두말할 나위가 없다. 지겹도록 10년간 패배를 되풀이한 야권, 그럼에도 야권의 주류는 여전히 문재인을 필두로 한 친노 정파다.

그렇다면 친노 세력이 이렇게 무능력하고 무책임한 정치세력임이 분명한데도, 왜 10여 년간 현 야권의 패권을 쥐고 주류로 군림할까?

친노의 협박에 굴복한 '호남정서' 때문이다. '소수파'의 한계를 가진 '호남'에게는 3당 합당 정국에서 경험한 지역 고립의 트라우마가 각인되어 있다. 현실을 말하자면 부산-경남에 친노 세력의 정치적 자산은 사실상 존재하지 않는다. 그러나 호남 민중의 입장에서 보면, 호남을 대표하는 정치 세력에게서 호남 지역색을 최대한으로 탈색시키는 것은 언제 다시 악몽으로 닥칠지 모르는 호남 고립을 막을 수 있는 최소한의 안전망으로 인식되어 왔다.

친노 정치세력은 호남의 이러한 약점을 집요하게 파고든다. 그래서 호남이 친노를 지지하면 민주주의 수호 세력이고, 친노를 비토하면 지역주의 토호족이라는 프레임으로 호남의 정치적 선택에 족쇄를 채웠다.

이런 프레임에서는 새누리를 압도할 정치적 역량과 새누리를 대체할 수권능력을 갖춘 정치세력으로서 당연히 검증받아야 할 요소들이 고려 대상에서 제외될 수밖에 없다. 지지하는 이유가 오로지 친노이기 때문으로 귀결된다. 이것이 바로 무능과 무책임의 극단을 보여준 친노 정치세력이 야권에서 10년 세월 기득권을 누려온 이유의 핵심이다.

문재인과 친노 정파는 정치적 자산은 전혀 없으면서 '내가 없으면 너도 죽어.'라는 협박 하나로 야권지지층에게 '반자이 어택'만을 강요하는 정치로 오늘날 야권의 패권을 쥐고 있다.

그러나 그들은 야권의 패권을 쥔 뒤 의미 있는 승리를 단 한 번도 일궈내지 못했다. 진주만 기습으로 태평양전쟁을 일으킨 일본의 호전광들은 그나마 1943년 이전 전투에서는 '대일본제국'이라고 으스댈 수 있는 승전 결과라도 올렸는데, 문재인과 친노 정파는 그런 것조차도 없다.

즉 앞선 전쟁의 승리들을 바탕으로 반자이 어택을 강요한 일본 호전광들보다 어떤 승리의 전과도 없이 '나 없으면 너도 죽어.' 협박, '당선될 수 없어도 떨어뜨릴 수는 있어'의 같이 죽자 협박으로 오늘 야권의 패권을 쥐고 있는 친노 정파가 더 뻔뻔하다는 말이다.

따라서 친노 정파는 퇴출 대상이지 용인의 대상은 아니다. 야권에 티끌만큼이라도 수권 의지가 있다면 이들은 반드시 퇴출시켜야 하는 공공의 적이다.

야권에 과연 수권 의욕이 있는가. 야권에 새누리 세력의 대안으로 국민에게 인정받고자 하는 절실한 의지가 있는가. 그렇다면 무능과 무책임의 상징인 친노 정파에 얽힌 야권의 노예근성부터 깨야 한다.

그렇지 않아도 소수인데 친노 세력마저 없으면 야권은 어떻게 하지? 친노 외에 대안 있어? 야권 지지층이 이런 유치한 도그마에서 헤어 나오지 못하는 한 답은 없다.

그 동안 새누리당은 친이와 친박의 다이내믹한 정치투쟁 속에서 이미 김무성과 유승민을 비롯한 수많은 잠재적 대권 후보들을 키워내 그들의 지지층에게 어필하고 있다.

친노는 70년 전 '반자이 어택'을 내년에도 리바이벌 하려 하는데, 새누리는 이미 드론 비행체를 전장에 속속 투입하는 모양새와 전혀 다르지 않다. 그럼에도 문재인을 내세운 친노는 여전히 자신들이 움켜진 기득권을 내려놓을 생각을 하지 않는다.

4.29 재보선 패배로 인한 정치적 책임에 대해서도 모르쇠이다. 특히 이반된 호남민심 때문에 빚어진 야당 분열의 책임을 타인에게 전가하는데 거리낌이 없다. 그리고 여전히 자신들이 야권의 패권을 유지하는 것만이 유일무이한 대안이라고 주장한다.

태평양전쟁 말기 일본 제국주의자들도 그랬다. "일본군이 패배하면 일본이 파멸하는 것이고 그렇다면 일본인 모두가 살 자격조차 없는 것이라고. 무조건 항복한 일본의 전쟁 지도부가 전범으로 단죄되면 일본 국민 모두가 살 자격이 없다고"

지금 친노 정파와 문재인이 야권 지지자들을 향해 내뱉는 협박과 소름끼치도록 닮았다. 친노가 사라지면 야권이 초토화되고 그러면 새누리 나쁜 무리들이 너희들을 노예로 삼을 것이라는 가증스런 협박이 그렇다.

그러나 현 시점에서 이들의 이 협박은 통하지 않고 있다. 이미 이들에 대한 비토는 야권 본거지인 호남에서 강력한 세를 얻고 있다. 그동안 '반자이 어택'으로 협박한 그들의 시효는 끝났다.

군국주의자들을 전범재판소로 보내고 전후 일본이 다시 단결하여 짧은 시간 안에 패전의 후유증을 극복해 선진국이 된 것처럼 야권도 친노 협박세력을 내치고 재건을 통한 단결로 정권탈환에 나서야 한다. 특별한 기린아가 아니라도 '반자이 어택' 세력만 몰아내는데 성공한다면 이는 어려운 일이 아니다.

3. 팬덤의 그늘과 저주
원폭 투하 70년... 바로서지 못한 역사

　1945년은 우리에게 일제 강점기를 끝낸 해로 기억되지만 사상 최대, 최악의 전쟁이었던 2차 세계대전 종결의 해이기도 하다. 하지만 1945년의 가장 중요한 사건은 어쩌면 '원폭투하'일지도 모른다. 핵을 무기로 사용한 순간, 전쟁은 승패와 상관없이 모든 인류가 몰살당할 지도 모른다는 공포를 인류에게 심어주었기 때문이다.

　70년 전, 왜 미국은 이미 이긴 것이나 다름없는 태평양 전쟁을 끝내기 위해 핵무기라는 극단적인 방법을 선택해야만 했을까? 그것은 바로 일본인들의 천황 팬덤에 대한 말살작전으로 그만한 무기가 없었기 때문이다. (이 글의 메시지 전달을 위해 일본왕을 그들의 언어인 '천황'으로 칭한다.)

　2차 대전 종전의 해인 1945년이 되면서 추축국의 패배는 기정사실이 되었다. 그러나 독일과 일본은 투지를 잃지 않았다. 일본과 독일 모두 연합군이 융단 폭격으로 온 국토를 초토화시켰지만 폭격은 항복을 이끌어 내지 못했다. 결국 독일은 수도 베를린까지 소련군이 점령하고 히틀러가 자살하고 나서야 항복했다.

　일본도 미국에게 오키나와를 점령당했어도 저항의지를 꺾지 않았다. 미군은 오키나와 점령 후 일본 본토 상륙작전까지 계획했으나 실행에 옮기지 않았다. 오키나와 점령 과정에서 일본과 일본혼(魂)에 대해 확실한 학습효과를 얻었기 때문이다.

미군은 오키나와를 완전 점령하는 데 석 달에 가까운 83일이나 걸렸다. 제공권과 재해권을 완전히 장악한 미국이 오키나와 같은 작은 섬을 점령하는 데 석 달 가까이나 걸릴 정도로 일본의 저항은 격렬했다. 이 장기간의 치열한 공방전은 미일 양측 모두에게 막대한 인명피해를 남겼다. 일본군 10만 명 전사에 미군도 전사자만 만 명 정도였다.

오키나와 주변 해역을 포위한 미군함대에 대한 일본군의 가미가제 공격은 이때 최고조에 이르렀으며, 더 이상 저항할 힘을 잃은 일본군 수비대는 항복 대신 총사령관 이하 잔존 병력이 자결과 만세 돌격으로 전멸하고야 말았다.

전투가 끝난 후 전쟁을 이겨 섬을 점령했음에도 미군은 한마디로 기가 질려 버렸다. 오키나와 같은 섬 하나 점령하는 데 이 정도 시간과 병력 소모라면 본토 점령을 위해서 도대체 얼마나 많은 시간과 물자와 인명이 소모될까? 게다가 그 과정이 얼마나 처참할 것인지는 상상조차 힘들게 되어서였다.

오키나와 전투 후 미군 수뇌부는 일본 본토 점령을 완결하려면 최소 20만 이상이 전사한다는 예상을 했다. 이 같은 인명피해를 내면서 본토 점령이 완료될 시기는 46년 10월 즈음으로 잠정 예상했다.

이 예측은 미국에게 일본 점령을 위한 지상군 파견이란 계획을 접게 만들었다. 그리고 때마침 개발이 완료된 가공할 신무기에 눈길을 돌리게 된다. 바로 원자폭탄이다. 특히 원폭 외에 답이 없다는 판단을 할 결정적 증거가 도쿄 폭격이다.

1945년 3월 10일 0시 8분, 미군의 B-29 폭격기 344기는 도쿄에 대규모 공습을 감행했다. 당일 2시간 동안 도쿄 도심에 떨어진 폭탄만 2천 2백 톤, 주택과 건물 42만 채를 집어 삼킨 이 공습으로 도쿄의 70퍼센트 이상이 잿더미가 되었다.

도쿄를 집어삼킨 불길은 야간 출격한 폭격기들이 레이더 없이 육안으로도 폭격이 가능할 정도로 밝았다고 전해진다. 폭격기 승무원들이 수 천 미터 상공에서도 시체 타는 냄새를 맡을 정도였다는 말도 전해진다. 한마디로 45년 3월의 도쿄는 불지옥 그 자체였다.

당시 폭격 피해를 조사했던 도쿄 경시청의 공식기록에는 "9일 밤 자정 무렵부터 10일 오전 2시 30분까지 2시간 반 동안 폭격에 의한 사망자 8만 8천 753명, 부상자 4만 918명, 합계 12만 9천 711명"이라는 사상자 숫자가 적혀 있다. 시신 중 70퍼센트는 남녀 구분조차 불가능했고, 거의 대부분의 사망자는 끝내 신원이 밝혀지지 않았다.

이 엄청난 피해를 입었음에도 일본의 저항의지는 꺾이지 않았다. 그런데 히로시마와 나가사키에 떨어진 원폭 두 발로 일본은 '일본혼'으로 무장된 저항의지를 꺾고 항복했다.

히로시마와 나가사키는 단 한발의 폭탄으로 도시 전체를 초토화시켰지만 실제 인명과 피해규모는 도쿄 대공습보다 결코 크지 않았다. 하지만 히로시마와 나가사키에 원폭 투하 후 열흘이 되지 않아 무조건 항복을 발표했다.

왜? 원폭의 가공할 위력을 겪고 난 후 패닉에 빠져서? 그렇게 예측할 수도 있다. 하지만 이미 일본의 거의 모든 도시가 도쿄 대공습 못지않은 피해를 입었음에도 결사 항전의 투지를 잃지 않았던 일본이다. 그런데 항복했다.

과연 수도도 아닌 겨우 지방 소도시 두 곳이 초토화된 사건 때문에 무조건 항복이라는 치욕스런 카드를 받을 수 있었을까? 어쩌면 원폭 투하는 어쩌면 울고 싶은 아이 뺨 때려 준 구실에 가깝다는 분석이 보다 설득력을 얻는다.

전쟁사를 연구하는 학자들의 견해에 의하면 실제로 일본의 무조건 항복은 도쿄폭격이나 히로시마 등의 원폭 때문이 아니라 다음의 두 가지가 더 직접적 이유라고 한다.

첫째, 히로시마 원폭 투하 다음날 소련이 대일 선전포고를 한 점이다. 일본 군부 지도자들은 독일의 소련 침공 후 전개된 전쟁의 결말을 생생하게 알고 있었다. 개전 초기 승기를 잡았던 히틀러의 나치군이 종국에는 소련에게 어떤 패배를 당했는지 알았다. 그 엄청난 물량의 소련이 일본 본토에 상륙, 미국과 연합전선을 편다면 아무리 본토 결전을 부르짖어도 일본으로서는 도저히 버틸 재간이 없었다.

둘째, 군국주의 일본의 '절대 지존'인 천황의 불체포와 전범 재판 불기소 합의였다. 당시 종전을 합의 중이던 미일 양국 협상단에게 무조건 항복을 둘러싼 막후 협상의 핵심이 전후 일본의 천황제 유지 및 천황의 전범 불기소였다. 이 조건에 미국이 합의했다. 그리고 미일 양측의 합의는 종전 후에 그대로 지켜졌다. 추축국 전범들이 모두 전범 재판정에 섰으나 그 중 천황은 없었다. 이 합의를 끌어내기 위해 일본군 지도부는 더 많은 희생을 감내했던 것이다.

그러면 미국은 왜 이 같은 일본의 요구를 들어줬을까? 표면적 이유는 도쿄 폭격과 원폭 투하로 민간인 피해가 너무 컸다는 점이다. 미국 내의 반전주의자들은 이 점을 들어 막 집권한 트루먼을 압박했다. 그러나 내심은 시간을 더 끌다간 대일 선전포고를 한 소련이 먼저 일본 열도를 점령할 가능성도 있었다는 점이다.

게다가 이미 승패가 갈린 전쟁인데 이역만리 극동에서 더 이상 자국 병사들의 희생을 치르길 원치 않았다. 그리하여 세상의 끝을 볼 것처럼 싸우던 미일 양국은 결국 종전에 합의하게 된다.

전쟁이 끝났다. 독일의 나치와 일본의 군국주의 세력은 뉘른베르크 재판과 극동 재판에서 준엄한 법의 심판을 받게 된다. 침략전쟁을 기획하고 주도한 모든 주체들은 그에 합당한 법의 심판을 받았다.

하지만 추축국 최고 지도자 중 생존한 단 한 사람인 일본 천황은 모든 전쟁 범죄의 책임 추궁에서 예외적인 존재가 된다. 일제의 가장 큰 피해당사자인 우리의 입장에서 보자면 당연히 피가 거꾸로 솟을 일이다.

그런데 일본 역사를 보면 천황은 대부분 기간 동안 실세 통치권자가 아니었다. 권력은 사실상 막부의 우두머리인 쇼군에게 있었을 뿐, 천황의 권력은 없는 것과 마찬가지였다. 막부가 무너지고 난 후 권력은 막부를 대체한 군벌의 손에 있었다고 해도 과언이 아니었다. 그런데도 천황은 일본인들에게 신적 존재가 되어 있었다. 이는 권력자인 막부도 군벌도 자신들의 권력을 담보한 존재가 '신(神)급인' 천황임을 국민들에게 각인시켜야 했기 때문이다.

서구열강의 제국주의를 벤치마킹한 일본의 군국주의자들은 아시아를 침략하며 일본 제국주의의 독특한 이데올로기를 발전시킨다. 바로 '전국민의 사무라이화'였다.

앞서 막부 시대 일본에서는 쇼군과 다이묘 등 지배층 무력의 근간이 되는 무사(사무라이)가 아닌 평민은 온전한 사람 취급을 받지 못했다. 하지만 메이지 유신 후 일본의 군국주의는 천황의 신민 모두가 사무라이라는 이데올로기를 국민들에게 주입시킨다. 쇼군과 사무라이의 관계를 천황과 국민(신민)의 관계로 치환한 것이다.

한마디로 사무라이 정도 되어야 사람대접을 받던 천한 신분들이 천황 덕분에 신민이 된 순간부터 너무도 황송하옵게도 사람이 된 셈이다. 여기에다 군에 입대하여 황군이 된다면 이것은 신민으로서는 감히 꿈도 꾸지 못할 은총이자 영광이 된다. '칠생보국(七生報國, 일곱 번 죽어도 나라의 은혜를 갚을 수 없다)'이라는 일본군의 금과옥조는 이런 배경에서 탄생한 것이다.

일본군이 태평양의 거의 모든 전장에서 항복을 거부하고 죽음을 불사한 이유도, 오늘날 자폭 테러의 원조가 된 가미가제 공격을 정규군의 공격 전술로 채택한 이유도 바로 일본 군국주의의 특유한 이데올로기에서 그 이유를 찾을 수 있다. 살아있는 신을 위해 일곱 번은 죽어드려야 그 은혜에 보답할 수 있는데 한 번 죽는 것쯤 무슨 대수냐 라는 생각이 1억 일본인의 뇌리를 지배했다는 것이다.

그래서 일본의 군벌인 군국주의자들은 이 신(神)급의 천황을 전범으로 재판정에 세울 수 없었다. 그들에게 천황=전범은 신을 인간으로 끌어내리는 일이었다. 때문에 자신들의 요구인 천황의 안녕이란 조건을 미국이 받아들이자 항복에 동의한 것이다.

그렇지만 일본 천황은 이 종전 과정에서 살아있는 신으로서는 도저히 용납할 수 없는 나락의 길을 걷게 된다. 일개 야전군 사령관에 불과한 맥아더에게 피점령 국가의 수장으로서 예를 갖춰야 했으며, 바로 자신의 입으로 '나는 신이 아닌 인간이다'라는 인간 선언까지 하기에 이른다.

이에 일본 천황이 항복을 선언하던 8월 15일, 치욕을 감당치 못해 자결한 일본인이 500명 이상이라고 알려졌다. 그만큼 군국주의 시대를 살던 일본인들에게 이유를 막론하고 천황은 자신들의 절대적 자존심이자 존재 이유이기도 했다.

한국 정치를 이야기할 때 흔히 진보와 보수라는 용어를 쓴다. 그렇다고 보면 진보의 현재 주류 세력은 친노 정파이며 보수의 주류 세력은 새누리당 내 친박 정파다. 이들은 어떤 악재에도 불구하고 20퍼센트 대 30퍼센트의 굳건한 지지율을 유지하고 있다. 그런데 이들의 철옹성 지지율을 담보하는 동력이 과연 진보와 보수라는 이념일까. 당연히 아니다.

친노의 지지율을 담보하는 동력은 결코 진보가 아니다. 그것의 실체는 다름 아닌 노무현이라는 일정부분 우상화된 정치인에 대한 팬덤이다. 또 새누리당의 지지율을 담보하는 동력은 절대로 보수가 아니다. 그 지지율 절반 이상이 박정희라는 완벽하게 우상화되고 박제화된 독재자에 대한 팬덤이다.

군국주의 일본과 비교해 볼 때, 노무현 팬덤과 박정희 팬덤은 메이지 유신으로 인해 한순간에 영광스러운 신민이 된 일본인의 모습과 묘하게 오버랩 된다.

노무현과 박정희 모두 비주류 출신에서 파란만장한 역경을 딛고 권력을 쟁취했다는 공통점을 가지고 있다. 노무현은 목표를 위해 수단을 합리화하지 않았고, 박정희는 목표를 위해 수단방법을 가리지 않았다는 처신의 근본적 차이가 있었을 뿐이다.

목표를 위해 수단을 합리화 할 수 없어서 좌절한 수많은 사람들은 노무현의 팬덤이 되었다. 반면, 목표를 위해 수단방법을 가리지 않았음에도 비루한 삶을 살 수 밖에 없는 존재들의 성공신화는 박정희가 된다. 새누리가 사회적 약자에 대한 적대적 정책을 견지함에도 저학력, 저소득층의 높은 지지를 잃지 않는 것도 바로 이런 이유 때문일 것이다.

이런 관점에서 극단적으로 표현하자면 노무현 팬덤은 노무현의 신민이고, 박정희 팬덤은 박정희의 신민이라는 표현도 가능하다. '신민'이라는 극단적인 용어를 서슴없이 쓰는 이유는 이들이 한국 정치의 건설적이고 긍정적인 담론을 가로막는 치명적 장애물로 작동하기 때문이다.

태평양 전쟁 당시 고립된 상태에서 전력이 고갈된 일본군은 항복하는 게 사람의 상식에 맞는 행동이었다. 하지만 그들은 사람의 상식을 철저히 거부하고 무의미한 죽음을 택한다. 싸움의 상대방인 미군의 심정은 어떨까. 당연히 사람과 싸우는 것이 아닌 악귀와 싸운다는 생각을 가지게 될 수밖에 없다.

전쟁은 서로 죽이고 죽는 참혹한 과정이지만 그 또한 사람과 사람이 겪는 일이다. 그래서 때로는 적의 부상자도 치료하고, 포로에게는 인간적인 대우를 베푸는 경우도 많다. 그런데 일본군과의 전투 경험은 사람과의 싸움이 아니라는 생각이 들 정도로 무시무시했다. 이런 식이라면 전장에서도 잃지 않는 사람의 자비심과 동정심은 설 자리가 없게 된다. 오늘날 테러와의 전쟁에서 우리가 보듯 말이다.

정치도 마찬가지다. 정치는 피를 흘리지 않는 전쟁이라고도 표현한다. 그만큼 정쟁은 무차별적이고 가차 없는 살벌함을 내포하기도 한다. 하지만 정치의 본질은 무엇인가. 결국 대화와 타협, 나와 다름을 인정하는 관용과 포용이 그 핵심이다.

그런데 과연 오늘날 한국 정치에서 노무현의 신민들과 박정희의 신민들에게서 대화와 타협, 관용과 포용의 흔적을 단 한 가닥이라도 찾아볼 수 있는가. 없다. 더구나 박정희는 암살, 노무현은 자살로 생의 마지막을 장식, 충격을 줌으로써 역사를 뒤틀리게 했다.

대통령직을 마친 노무현은 스스로 실패한 대통령임을 자임했다. 자기를 따르던 부하들에게 "정치하지 말라"고 말하기도 했다. 지지자들에게 "잊어 달라"는 공개적 글도 남겼다. 그래서 안희정은 '폐족'임을 자임했다.

그랬던 그가 이명박의 압박을 견디지 못하고 자살함으로써 "정치하지 말라"고 했던 부하들을 모두 정치에 나서게 했다. "잊어 달라"고 했는데 갈수록 "잊지 말자 노무현"이 발호되므로 '노무현의 친구 문재인'을 불러냈다. 그리고 문재인은 야당을 블랙홀에 빠뜨려 빠져나올 수 없도록 하고 있다.

때문에 야당은 지금도 거기서 허덕이고 있다. 이미 역사에서도 본인 스스로도 실패한 대통령인데 그 '실패한 대통령'의 유훈통치가 문재인을 앞세워 야당을 지배하면서 전진을 가로막고 있다. 그리고 지금도 그 팬덤은 '노무현 정신'이란 말을 거리낌 없이 쓴다.

박정희의 암살, 이는 정확히는 역사의 선순환이다. 독재자가 암살되거나 체포되어 단죄되는 것이 역사의 선순환이므로 박정희의 암살도 역순환이라고 할 수 없다. 그러나 그에 대한 팬덤은 그의 죽음이란 사건을 통해 더 팽창되었다. 특히 그 팽창된 팬덤이 또 다른 권위주의 통치자에 의해 잠복할 수밖에 없었으므로 표출

될 계기를 만났을 때 표출된 열기는 그 어떤 팬덤보다 뜨거웠다. 그것이 현재의 박근혜 현상이다.

이를 볼 때 노무현은 히로히토처럼 살아서 친노들의 발호를 막았어야 하고, 박정희는 체포되어 단죄되었어야 하는데, 자살과 암살로 생을 마감함으로써 지금의 팬덤 정치라는 폐해의 정치로 나타날 바탕을 만들었다고 볼 수 있다.

그래서 현재도 박정희 추앙 팬덤으로 인해 친일파의 후손과 신친일파들이 득세하고 있으며, 핍박 받고 죽은 노무현이 되어버림으로써 '폐족'을 자임하던 친노들이 곳곳에서 발호, 이 땅에 야당이 거추장스런 존재로 낙인을 찍게 만든다.

특히 지금도 '노무현'이란 망령에 갇혀 그를 따르는 사람들은 '노무현 정신'이란 실체 없는 바이블을 섬기느라 문재인 보호에 바쁘고, 그를 반대하는 사람들은 '놈현' '노빠' '바지사장 문재인'이라고 마음껏 비웃으며 나라를 반쪽내고 있다.

이미 쿠데타로 집권한 독재자로 역사가 기록한 박정희를 그의 팬덤은 '구국의 화신' 쯤으로 추앙하며, 그 팬덤의 보호를 받는 박근혜 대통령은 민주공화국 대통령임에도 국회를 식민지화 하고, 소속당 의원들의 직선으로 뽑힌 원내대표가 자신의 마음에 들지 않는다고 백주에 '배신자'로 몰아 쫓아 낼 수 있다.

국가의 경영자로서 니편내편 없이 탕평책으로 나라를 경영해야 하지만 극심한 편가르기로 나라를 반쪽 내면서 모든 잘못은 국회로 돌리는 어법을 천연덕스럽게 구사한다. 그래도 이런 대통령을 추종하는 다수의 '박빠'가 있으므로 대통령의 기세는 등등하다. 이 등등한 기세는 당원들이 뽑은 당 대표마저 현안마다 전전긍긍하게 한다.

2015년 대한민국은 이처럼 다수가 마주보며 으르렁대는 상태로 나라를 반쪽내고 있다. 원폭실험 70년이 되는 해에 일본 천황과 '천황빠'들을 생각하며 돌아본 우리 정치의 자화상이다. 역사에서 배우지 못하면 역사의 진전은 없다. 전 국민을 '빠'를 넘어 좀비로 만들었던 일본 천황, 극렬 빠들이 지금도 발호하는 노무현 전 대통령, 박정희 전 대통령 사례를 돌아보면 분명한 교훈이 나온다. 극렬 빠는 결국 모두에게 폐해를 남긴다는 교훈이다.

제 2 장

전격전의 승부미학

전격전의 승부미학

1. 시간은 사람을 기다려주지 않는다
1940년 덩케르크의 3일

1940년 5월 10일. 독일군은 서유럽 침공을 개시한다. 독일군의 기만전략에 완전히 말려든 영국-프랑스 연합군은 순식간에 거대한 포위망에 갇혀 버리게 된다. 결국 수십만 영불 연합군은 프랑스 북부 소도시 덩케르크에 집결하여 도버해협 너머 영국으로의 탈출을 꾀한다. 이 철수작전이 시작된 5월 26일. 질풍노도처럼 진격하던 독일군 선봉은 이미 덩케르크 외곽 20킬로미터까지 진출했다. 손가락만 까딱해도 영불 연합군은 대서양 수장(水葬)이냐 포로수용소행이냐를 선택해야 하는 절체절명의 순간, 세계 역사를 바꾼 히틀러의 명령이 독일군에게 하달된다.

"진격 중지! 현 위치에서 대기."

이날 히틀러의 진격중지 명령의 이유는 아직도 전쟁사의 미스터리 중 하나로 남아있다. 영국에게 명예로운 항복의 명분을 주기 위해서였다는 설, 공명심에 몸이 달은 공군 총사령관 괴링이 공습으로 연합군을 쓸어버리겠다고 나섰기 때문이라는 설, 자신도 예상치 못한 갑작스런 승리를 감당하지 못한 '걱정 인형' 히틀러가 혹시 연합군의 함정에 빠지지 않았을까 쓸데없는 신중함에 빠졌다는 설 등이 제시되지만 정확한 진실은 아무도 알지 못한다.

히틀러의 명령에 야전군 지휘관들은 발끈한다. 하지만 명령은 명령이었다. 그리고 이틀이 지난 5월 28일 히틀러는 다시 진격 명령을 내렸지만 그때는 이미 영불 연합군이 덩케르크 일대에 철수작전 엄호를 위한 전열을 정비한 후였다. 그래서 연합군은 상당한 희생을 치렀지만 6월 4일까지 무려 30만 명 이상의 영국, 프랑스 장병들이 도버 해협을 건너는데 성공한다(작전 초기 영국이 추산한 구출 가능 병력은 4만 5천 명이었다고 한다).

지난 2015년 4월 29일 광주, 관악, 성남, 인천 등의 국회의원 보궐선거와 10월 30일 치러진 지방 재보선 등 2015년에 치러진 선거에서 제1야당 새정치민주연합은 여당 측에 완패했다. 이 연이은 패배로 당은 책임소재에 대한 추궁과 함께 당 대표 퇴진을 요구하는 목소리가 높아지면서 분란과 분열의 와중에 빠져든다. 하지만 당 대표와 당 주류는 패배의 원인과 결과에 대해 자신들의 책임이 아니라 모두의 책임이라며 승리를 위한 준비는 '당혁신'이란 주장과 함께 당을 혁신시킬 혁신위원회를 구성, 출범시켰다.

하지만 혁신위 출범 이후 이 정당은 더욱 분란이 깊어지면서 혁신안이 나올 때마다 당론이 분열되는 등 수습이 아니라 수렁으로 빠져드는 형국이었다. 그리고 그때마다 또 당 안의 여러 계파는 자신들 계파의 이익이 어디에 있는지 계산하느라 당을 방치했다.

사람의 죽음은 의사의 사망진단서로 공식화되지만, 의사가 사망 선언을 하지 않아도 우리는 죽은 사람과 살아있는 사람을 어렵지 않게 구분할 수 있다. 같은 이치로 2015년 현재 대한민국 제1야당은 차기 집권도 어려우며 총선 또한 비관적인 상태라는 사실은 당 대표 문재인을 지지하는 친노 팬덤을 제외한 모두가 아는 상식에 속한다.

하지만 문재인 대표와 그 지지세력인 친노 주류는 인정하지 않는다. 당의 안과 밖에서 어떤 평가를 하든 혁신위가 만들어서 당무위를 통과한 혁신안만이 당을 살릴 수 있는 명약인 양 선전하며 이 위에 통합이라는 껍질을 덮어씌우려고 한다. 혁신안에 따른 공천으로 인물을 내세우면 2016년 총선에서 승리하고 여세를 몰아 2017년 대선에서도 승리할 수 있을 것이라고 강변한다. 따라서 혁신안이나 당 대표의 생각에 비판적인 사람이나 세력은 야당 승리를 방해하는 사람 또는 세력으로 몰아가는 '마녀사냥'까지 했다.

히틀러의 몰락은 전 인류의 축복이었다. 하지만 순수한 군사적 관점에서 보았을 때, 만약 히틀러가 독일군에게 '닥치고 덩케르크로 진격!'이라는 명령을 내렸다면 과연 영국은 전쟁에서 이길 수 있었을까? '천조국' 미국을 생각하면 2차 대전의 결과는 역시 달라지지 않았겠지만, 그래도 전쟁의 양상은 지금 우리가 아는 것과는 판이하게 달라졌을 것이다.

전쟁은 타이밍이기도 하다. 결정적 승기를 잡았음에도 주저주저, 머뭇머뭇하던 히틀러가 내린 단 3일의 진격중지 명령이 괴멸위기에 몰렸던 영국군을 기사회생 시켰다. 그 이후 독일 육군은 덩케르크 돌파를 위해 강한 압박을 멈추지 않았지만 죽기 살기로 맞선 연합군의 방어선을 돌파하지 못했다. 융단 폭격으로 덩케르크에 갇힌 연합군을 집단 학살시키겠다고 호언장담하던 괴링의 공군도 궂은 날씨와 영국 공군의 엄호에 막혀 소소한 피해만을 입혔을 뿐이다. 1940년 5월 도버해협을 건넌 30만 명의 연합군은 4년 후 노르망디 상륙작전으로 유럽 대륙으로 돌아온다.

1945년 4월 벙커에서 자살로 생을 마칠 때까지 히틀러는 덩케르크 전투 당시 자신이 내렸던 이상한 명령에 대해 어떤 언급도 남기지 않았다. 하지만 마지막 순간 주마등처럼 스쳐가는 자신의 인생역정 속에서 덩케르크의 실수를 뼈저리게 후회하진 않았을까 생각해 본다.

2015년 4월 29일 치러진 광주 재보선에서 당시의 제1야당으로는 총선승리도 정권교체도 어려우니 새로운 세력을 형성, 힘 있는 야당을 만들겠다고 공약하면서 제1야당을 탈당한 천정배 후보가 압도적으로 당선되었다.

누구나 인정하듯 광주는 제1야당의 안방과 다름없는 강고한 지지지역인데 여기서 제1야당이 죽었다면서 새로운 세력을 건설하겠다는 후보를 찍어 준 사실은 '안방의 반란'이라고 할 수 있다. 따라서 이 반란은 추후 우리의 정치사를 어떻게 변혁시킬 것인지 초미의 관심을 끌게 되었다.

그러나 이 선거 결과에서 천정배에게 쏠린 민심은 제1야당과 문재인 대표를 향한 '거부 선언'이긴 해도 '천정배가 대안이다'를 선언한 것은 아니다. 즉 천정배를 당선시킨 민심의 요구는 양측 모두에게 '유권자가 주인이다'라는 사실 하나만을 확실하게 각인시킨 사건이다.

따라서 천정배가 아무런 노력을 하지 않아도 계속 그 같은 뜨거운 지지가 천정배에게 자동 연결되리라 믿는 사람은 없었다. 그럼에도 이 작은 승리를 일궈 낸 천정배나 그 세력이 그렇게 믿고 다음 목표를 점령하기 위해 진격하지 않고 미적거렸다. 그렇게 미적거리다 바람이 한참 식은 뒤에 세력 규합 작업에 나섰다. 그러나 결과는 바로 안철수의 제1야당 탈당과 국민의당 창당으로 뒤늦게 세력 규합 작업에 나선 천정배 세력을 압도했다. 덩게르크에서 사흘을 머뭇거린 히틀러의 오판이 다 잡은 승기를 놓친 것과 다를 바 없다.

덩게르크 전투의 교훈은 승기를 잡았을 때 상대방이 숨 돌릴 틈도 주지 않고 밀어붙여야 한다는 점이다. 천정배 신당의 바람이 빠진 것은 승기를 잡았을 때 머뭇거림이라고 볼 수 있다.

흔히 야구라는 스포츠를 맨탈 경기라고 한다. 실제로 야구 경기는 선수의 마음가짐이 승패의 절반 이상을 차지한다. 투수가 흔들리면 야수도 흔들리면서 하지 않던 실책까지 속출한다. 이때 승기를 잡은 공격팀은 상대의 맨탈이 정리되지 않도록 거센 공격을 가한다. 이 때문에 야구 경기는 '빅(big)이닝'이란 말이 있다. 공격팀은 계속 밀어붙이고 수비 팀은 이들의 기세를 꺾기 위해 투수 교체를 하거나 시간을 끌기 위해 포수 교체도 하는 등 방어의 방법을 다양하게 모색한다.

히틀러는 아직도 밝혀지지 않은 이유로 3일을 허비했다. 그 때문에 몰살 위기에 놓인 영국-프랑스 연합군에게 후퇴의 길을 열어줬다. 이 판단은 후일 히틀러 본인의 죽음까지 몰고 왔다. 지금까지도 히틀러의 덩케르크 진격 중지 명령의 진실은 추측만 난무할 뿐 끝내 미스터리로 남아 있다. 하지만 그 어떤 이유에서든 히틀러가 1940년 5월에 허비한 3일의 시간은 5년이 지나지 않아 세계 지배를 꿈꾸던 히틀러가 입에 권총을 물고 스스로의 생을 마감하게 하는 독배로 돌아왔다.

마찬가지로 천정배의 머뭇거림도 그렇다. 그가 뒤늦게 세력규합에 나선 것은 누구도 아닌 그 혼자만 안다. 그러나 분명한 것은 그의 광주 4.29 대첩은 덩케르크까지 진격한 독일군의 기세이거나 빅이닝이 예견되는 상대팀 투수의 흔들림에 따라 팀 전체의 흔들림이 계속되는 형국이었다. 그때 밀어붙이지 않고 머뭇거린 천정배의 앞날은 아직 아무도 모른다.

야구 경기에서 빅이닝을 놓친 공격팀이 수비로 돌아섰을 때 그 팀 투수는 내내 찜찜한 마음에 흔들릴 개연성이 있다. 그래서 야구에선 '찬스 뒤에 위기, 위기 뒤에 찬스'라는 말이 금과옥조처럼 돈다. 또 실제 경기에서 그 같은 일은 비일비재하다. 빅이닝을 놓친 팀은 다음 수비에서 상대 팀에게 되려 빅이닝을 내주는 사례가 흔하다.

4.29 재보선에서 패한 제1야당의 형국이다. 4.29 대패로 당이 흔들리는 와중에 이 흔들림을 잡는다는 수비전술이 혁신경쟁이었다. 그러나 이 전술은 흔들림을 잡지 못하고 계속 진행되도록 하거나 더 심하게 흔들리게 하여 10.30 재보선에서 연거푸 패하는 결과를 낳았다. 이에 당 안이나 밖에서 '이 정당으로 승리할 수 없겠다'는 여론이 팽배해졌다. 하지만 당권을 가진 문재인 대표와 친노계파는 거듭되는 패배에도 아랑곳하지 않고 '혁신이 만병통치약이며 부족하면 통합이란 약도 있다'는 방식의 전술을 고집했다.

결국 이 과정에서 당 창립 주주인 안철수 전 대표가 탈당이라는 카드를 꺼내서 실행했다. 이어서 현역의원들의 탈당이 이어지는 등 당은 내일 일을 기약할 수 없는 지경이 되었다. 그럼에도 문 대표와 주류 정파는 탈당한 이들에게 '야당분열'이란 책임을 지우며 자신들의 책임은 없는 것으로 몰아갔다. 이는 누가 어떤 평가를 하든지 정당의 최대 목표인 선거 승리와 정권 쟁취에 플러스가 될 수 없다.

이런 상황에서 야권 대체를 추구하는 세력은 덩게르크의 3일을 기억해야 한다. 천정배도 안철수도 이는 같다. 그러나 앞서 언급했듯 천정배는 이미 기세를 올려야 할 시기에 머뭇거림으로 그 기세를 안철수에게 빼앗긴 것이 대외적으로 분명하다. 하지만 안철수가 기세를 잡았더라도 감독부터 선수까지 기세에 흥분한 나머지 실책을 거듭한다면 그 또한 기세가 오래 갈 수 없다. 그 틈을 또 누군가는 노리고 들어 올 것이다.

그가 정동영이 될 소지는 충분하다. 칩거 중이지만 정동영의 잠재력은 누구도 과소평가할 수 없다. 따라서 안철수도 천정배도 다시 야구경기의 빅이닝을 기억해야 한다. 그래서 야권분열의 책임을 두려워할 것이 아니라 완벽한 대체를 성공시켜야 한다. 분열이란 굴레는 패배했을 때 쓰는 것이지 승리하면 누구도 분열이라고 하지 않고 결단이라고 한다.

이런 결단의 극명한 예가 1985년 2.12 총선에서 승리한 신한민주당이다. 1980년 쿠데타를 성공시킨 전두환 군부는 기성 정치인들을 대거 정치 규제자로 묶은 뒤 자신들의 입맛에 맞는 정치인들을 개별적으로 풀어주면서 정당의 창당을 허용했다. 이 때 창당된 정당들을 역사는 1중대 2중대 3중대라고 하는데, 1중대는 여당인 민정당, 2중대는 제1야당인 민한당, 3중대는 제2야당이자 이념적으로는 민정당과 유사한 국민당이었다.

이들 정당들은 5공화국 1기 4년 동안 충실하게 군부정권의 입맛에 맞는 정치를 했다. 그러나 사회 제반의 민주화 열기와 저항은 이 정치인들의 짜고 치는 정치를 용납하지 않았다. 곳곳에서 터지는 민주화의 요구와 정치규제자 규제해제의 요구는 전두환 군부가 정치규제자를 그대로 묶어 둘 수 없도록 압박했다. 이에 전두환 군부정권도 결국 12대 국회 임기 4년이 끝나갈 즈음 정치활동이 금지되어있던 대상자 555명 가운데 1차로 250명을 1983년 2월 25일자로 해제할 수밖에 없었다.

그러나 이 정도로는 여론이 물러서지 않았다. 특히 김영삼 전

신민당 총재는 정치규제자 해제와 전면적 민주화를 요구하면서 1983년 5월 18일부터 6월 9일까지 23일간 목숨을 건 단식투쟁을 했다. 이 단식은 국내 언론에는 단 한 줄도 보도되지 않았으나 외신을 통해 소식을 접할 수 있었던 정치권과 시민사회 등이 전두환 독재에 공개적 저항을 시작하도록 견인했다. 이후 정국은 폭풍 전야로 흘렀다. 이에 전두환은 1984년 2월 25일 2차로 202명을 해제한 뒤 11월 30일 3차로 84명을 해제했다. 그러나 이 해금자 중 김영삼 김대중 김종필은 없었다. 미리 말하지만 이들 미 해금자 14명은 1986년 3월 6일에야 해제된다.

특히 이처럼 전두환이 3차에 걸쳐 정치규제자를 풀어주면서 3차 해금을 1984년 11월 30일에 하면서도 김영삼 김대중 등의 규제를 풀지 않은 것은 모두 안기부 등의 정보에 의한 정치공작적 처사였다. 1985년 국회의원 총선거에 대비한 공작이었다. 김영삼 등의 신당 창당을 막아 강성 야당인의 제도 정치권 진입을 막음과 동시에 이들 중 제도 정치권에 진입하려는 사람들은 기존 정당인 민한당을 통해서 하라는 정치공작이었다. 여기 덧붙여서 이들이 민한당을 거부하고 신당을 창당하여 선거에 나서더라도 물리적으로 선거에 대처하기 힘들도록 하는 정치일정을 내놨다. 즉 12대 총선을 겨울철인 2월에 치르도록 한 것이다.

하지만 정치규제에서 풀린 야당 인사들은 곧바로 선명 야당을 건설, 전두환 정권을 견제하면서 직선제 헌법의 쟁취를 노렸다. 김영삼이 전광석화같이 자파인 상도동계 인사들과 김대중의 동교동계 인사들을 묶어 신당 창당 작업에 나섰다. 당시 이들은 주저하지 않았다. 머뭇거리지 않았다. 계산도 하지 않았다. 여론을 탐색하며 자로 재지 않았다. 전광석화처럼 움직였다. 그래서 전두환 군부나 안기부도 예측할 수 없도록 해금된 지 45일여 만인 1985년 1월 18일 새로운 야당 신한민주당(新韓民主黨)을 창당했다.

총선대비책도 전광석화에 정면승부였다. 막후실력자 김영삼은 옛 신민당 5선 의원 출신의 이민우에게 종로중구 선거구에 출마할 것을 제의했다. 신당의 원로급에 해당되는 고 연령의 이민우가 정치 1번지인 종로중구 선거구에 출마해 당선된다면 야당 돌풍의 핵이 될 수 있다는 논리였다. 이민우는 당선 가능성이 없다는 이유로 이 제의를 고사하였으나, 총재직을 제의하는 김영삼의 간곡한 설득에 출마를 결심하고 총재직과 종로중구 출마를 수락했다.

당시 전두환 군부정권은 12대 총선 투표 날짜를 예년과 달리 겨울인 1985년 2월 12일로 정했다. 이는 신한민주당의 창당 날짜와 최대한 가까운 시기에 총선을 치러서 야당 돌풍을 최소화하기 위한 고육지책이었다. 당시 선거법이 1구2인제로서 원내 1,2당에게 매우 유리한 제도였으나 혹시 모를 신당 바람을 잠재우기 위한 계책이었다. 1월 18일 창당한 신당이 2월 12일 선거에 나서려면 선거일 보름 전 후보등록을 마쳐야 했으므로 창당 후 열흘 이내에 후보공천을 마쳐야 하는 물리적으로 불가능해 보이는 일정을 짠 것이다.

그러나 신한민주당은 이 일정에 맞춰 모든 일을 전광석화처럼 해치웠다. 그리고 선거결과는 창당한 지 불과 한 달도 채 안 된 신생 정당 신한민주당이 수도권을 비롯한 대도시 지역에서 압승을 거두는 돌풍을 일으키며 지역구 50석과 전국구 17석을 포함 67석이라는 성적표를 받았다. 특히 당선 가능성이 없다던 종로중구의 이민우 후보는 예상을 깨고 2위로 당선되었다. 이 선거로 충격을 받은 민한당 당선자들이 곧바로 민한당을 탈당, 신민당에 가세하면서 신민당은 원내 103석의 명실상부한 제1야당으로서 대통령

직선제 개헌을 요구하며 전두환 정권과 격렬하게 대립하였다.

이런 전례는 또 있다. 1995년 창당된 새정치국민회의다. 1992년 대선에서 실패하고 영국으로 유학을 떠나면서 정계를 은퇴한 김대중은 6개월의 영국 체류를 마치고 귀국, 아태평화재단을 차린 뒤 한반도 통일과 아시아 태평양지역 평화를 연구하는데 몰두했다.

그러나 김대중이 은퇴한 후 김영삼 정권 2년이 지나면서 곳곳에서 불법과 비리, 친인척 비리, 호남 소외, 남북 냉전체제 전환 등의 실책과 실정들이 난무했다. 하지만 그럼에도 야당인 통합민주당(총재 이기택)은 그 존재가치가 보이지 않았다. 원내 97석의 거대야당이지만 야당의 존재감은 없었다.

지방자치제는 김대중 자신이 목숨을 걸고 단식을 하면서 쟁취한 제도로서 이 지방선거에서 의미 있는 성적을 내지 못하면 정권교체는 아예 꿈꿀 수도 없었다. 이에 1995년 6월 지방선거 공천 시기에 통합민주당 측에 서울 - 조순, 경기 - 이종찬 카드를 제안하면서 이 카드로 선거에 나서면 인천까지 야당 바람으로 이길 수 있다는 논리로 이기택 총재를 설득했다. 그러나 이 총재는 경기 - 장경우를 고집하여 뜻을 이루지 못했다.

그런데 경기지사 후보로 장경우를 내세우는 과정에서 상당한 잡음이 일면서 동교동계와 이기택 총재계 사이에는 서로 넘을 수 없는 벽이 생겼다. 2015년 제1야당의 문재인-안철수 갭 이상이었다. 선거 결과 조순은 서울시장에 당선되었으나 장경우는 경기지사 선거에서 완패했다. 물론 인천도 완패였다. 재야의 김대중은 야당을 그대로 두면 정권교체는 영원히 없다면서 신당 창당을 선언했다. 이때의 반대여론은 지금 반대여론을 능가했다. 야권 분열은 죽는 길이라는 비토 분위기가 팽배했다.

이때 김대중도 전광석화같이 움직였다. 머뭇거리지 않았다. 지방선거는 6월 27일, 이 선거에서 경기인천의 패배가 확정되고 불과 20일인 7월 17일 김대중 아태재단 이사장은 신당창당을 공식선언했다. 이 공식 선언이 나오자 당시 민주당 소속 의원 95명 중 65명이 탈당하여 신당에 참여하면서 새정치국민회의는 창당과 동시에 제1야당이 되었다.

그러나 이때 받은 엄청난 비난은 이듬해 1996년 총선까지 영향을 미쳤다. 때문에 국민회의와 민주당으로 갈려서 치른 1996년 총선에서 국민회의는 79석을 얻는데 그치고 민주당은 15석만을 얻어 교섭단체 구성에도 실패했다. 하지만 이렇게 야권을 정리한 김대중 총재는 이듬해 1997년 대선에서 자민련 김종필 총재와 연대, 대통령에 당선되었다.

따라서 혹자는 당시 김대중의 탈당 및 창당을 야권분열이 야기한 총선 패배라고 비난하지만 만약 그때 그 같은 전광석화 같은 결단이 없었다면 정권교체도, 김대중의 대통령 당선도 없었을 것이라는 점에서 당시 김대중의 결단을 비난할 수 없다. 즉 무능한 조직과 목표가 동일하지 않은 조직은 성과를 낼 수 없다는 점에서 당시 민주당과 현 제1야당은 별로 다르지 않다.

전광석화 같은 결단, 이는 히틀러가 덩게르크에서 머뭇거린 사흘로 인해 이길 수 있었던 전쟁을 이기지 못했다는 기록을 남긴 것과 김대중 김영삼의 과감한 결단과 전광석화의 움직임이 역사를 바꿨다는 점에서 대비된다. 제1야당을 탈당한 안철수나 천정배의 행동이 머뭇거림이냐 전광석화의 행동이냐의 결단도 이 역사들을 참고할 수 있다. 시간은 사람을 기다려주지 않는다. 1940년 덩케르크에서도, 2015년 대한민국에서도.

2. 고지선점, 그 다음이 더 중요하다
빌레르-보카쥬 전투의 영웅 미하일 비트만

미하일 비트만(Michael Wittmann), 1914년 4월 22일부터 1944년 8월 8일까지 불꽃같은 삶을 살다 간 나치 독일의 군인이다. 그가 격파한 연합군 전차 수는 138대이고 대전차포는 132문이었다는 기록을 가진 불꽃같은 남자다.

그의 가장 유명한 전공은 빌레르-보카쥬 전투. 티이거 전차 한 대로 영국 7기갑사단의 선봉 전차부대에 괴멸적인 타격을 주었던 전투다. 이 전투와 함께 미하엘 비트만의 일생을 살피면 '전쟁으로의 정치'가 보인다.

비트만의 일생은 그 자체가 2차 대전이고 독일 패망의 역사다. 1936년까지 제19보병연대에서 2년간 의무병역을 마친 비트만은 1937년 SS-VT(나치 친위대인 SS가 전투부대로 확대되며 붙여진 이름, 후일 나치 무장친위대 'Waffen-SS'가 됨)에 지원하여 부사관 후보생으로 선발된 뒤 개전 직전에 중사로 임관되었다.

이후 1939년 9월 1일 독일이 폴란드 침공을 개시할 당시 SS친위기갑연대 장갑차소대에 배속되어 폴란드전쟁에 참전했다. 이를 시작으로 1940년 네덜란드 침공, 덩게르크 전투, 1941년 독소전 등에서 벌어진 일련의 전투에서 혁혁한 전공을 세운다. 이런 전공으로 비트만은 제2급 철십자훈장을, 그 후에도 확실한 전과를 올려 그해 9월에 제1급 철십자훈장을 수여받는다.

1942년 7월 SS사관학교에 입학한 비트만은 사관교육과 전차병 훈련을 받았으며 그해 12월 소위로 임관한 뒤 처음으로 신형 중전 차인 6호 전차 티이거1에 탑승하게 된다.

이후 쿠르스크 전투에서 적 전차를 무려 60여 대나 격파한 전공으로 1944년 1월 13일 기사철십자장(騎士鉄十字章)을 수여받았다. 그런데 훈장을 받은 날 또다시 소련군 전차 수십 대를 격파해 비트만의 스코어는 단번에 80대를 넘어섰다.

독일군은 서훈 1주일도 안 된 1월 19일 비트만에게 다시 백엽기 사철십자장을 수여하기로 결정했으며, 비트만은 2월 2일 총통본부에서 히틀러가 직접 수여한 백엽기사철십자장을 받음과 동시에 계급도 친위대 중위로 승진했다. 이후 비트만은 1944년 4월 SS 101중전차대대에 합류했다. 대대는 티이거1을 장비하고 있었으며 비트만은 2중대장에 임명되었다.

1944년 6월 6일 연합군이 노르망디 해안에 상륙했다. 독일군 SS 제101중전차대대도 연합군의 상륙지점에 투입되게 되었다.

6월 13일, 캉 시의 측면으로 우회 돌파를 기도하던 영국 7기갑 사단(북아프리카 전역에서 롬멜의 주요 적이었던 영국군 부대로 일명 '사막의 쥐'라 불렸다)의 선봉 전차부대가 빌레르–보카쥬에 도착하여 휴식을 위해 정지하고 있었다.

이것을 알게 된 비트만은 즉시 단독으로 공격할 것을 결정, 진격을 시작했다. 빌레르–보카쥬 전투의 막이 열린 것이다.

진격을 시작한 비트만은 남쪽부터 기습을 가해 공격개시와 동시에 15분 동안 10~11대의 탱크를 파괴하고 대전차포 2대, 운송용

차량 13대까지 부쉈다. 이후 뒤따라온 증원부대가 가세, 전투는 저녁때까지 계속되어 영국 7기갑사단 선봉 전차부대는 많은 피해를 입고 후퇴했다. 이 전투에서 비트만은 단독으로 적 전차를 총 27대나 격파했다.

6월 25일 총통관저에 출두한 비트만에게 히틀러는 빌레르-보카쥬의 눈부신 공적을 치하하고 백엽검기사철십자장을 수여했다. 계급도 대위로 올랐다. 역사는 이 전쟁을 전설의 '빌레르 보카쥬(Villers-Bocage)' 전투라고 부른다.

독일군 일개 대위가 영국의 명장 몽고메리가 이끄는 제7기갑사단, 일명 '사막의 쥐'라고 불리던 불멸의 기갑사단을 무력화시킨 전투다. 그러면 비트만은 어떻게 단독으로 기갑사단 선봉 전차부대를 괴멸의 수준까지 몰아넣을 수 있었을까?

6월 13일 이른 시각, 전투 개시 시점에 빌레르 보카쥬와 213고지는 양측 누구에게도 점령되지 않은 상태였다. 그런데 빌레르 보카쥬 마을에 먼저 당도한 것은 영국군이었지만, 213고지에 먼저 도착한 것은 비트만의 부대였다. 이 고지에서 비트만은 영국군의 이동을 속속들이 파악했다.

도시에 도착한 영국군들은 전술적으로 좋지 않은 위치에서 환호하는 시민들에게 둘러싸여 진격을 늦추지 않으면 안 되었다. 특히 환호에 들뜬 기갑대대 소속 선봉부대 전차 네 대가 운행을 중지하고 승무원들이 하차하기도 하였다.

이들은 당초 방어 대기하라는 지침을 따르지 않았으며 지역 정찰도 수행하지 않았다. 한참이 지나서야 전차와 보병으로 구성된 전력 일부가 213고지를 향해 출발하였다. 작은 환호에 취해서 자신의 임무를 망각하고 골든타임을 잃은 것이다.

213고지를 미리 점령, 이런 상황을 내려다 본 비트만은 곧바로 3대의 전차들을 출발시켜 기습을 감행했다. 저지대를 통과, 이들의 행렬 양 끝 지점으로 다가갔으나 행렬의 선두는 방어태세를 취하지도 않은 상태에서 도로에 정지하여 뒤따르는 하프트럭과 병력수송차들에게 길을 비켜주고 있었다.

영국군의 이런 행동은 주위 지형을 답사하지 않은 결정적 실수였다. 환호하는 민심에 취해 전쟁을 치르지도 않고 점령이 끝난 것으로 생각했다. 이처럼 잠시 나태한 영국군을 잠복한 비트만이 덮쳤다. 비트만은 함께 출발한 두 대의 전차에게 대기 명령을 내린 뒤 자신의 전차 단 한대로 측면 돌격을 감행하여 이 행렬을 반으로 갈라버렸다.

갑자기 나타난 독일군 전차의 공격으로 주민들 환호에 취해 쉬고 있던 영국군은 우왕좌왕하지 않을 수 없었다. 이런 상대의 허점을 준비된 나머지 두 대의 전차가 갈라진 양측에서 공격했다.

이 전격적인 기습에 승전을 확신했던 영국군은 당황하여 수습불능에 빠졌다. 후퇴하지 않으면 더 많은 손실을 입을 것이기에 후퇴를 명령했다. 결국 미하엘 비트만이 이끈 단 세 대의 전차로 인해 초반 막심한 피해를 입은 영국군은 후퇴하지 않을 수 없었던 것이다.

그리고 이 전투의 실패로 연합군은 노르망디 상륙작전 초기에 캉을 접수한다는 당초 계획을 달성하지 못하게 되었다. 또 작전 초반 노르망디 동부에 연합군 거점을 마련한다는 계획에도 차질이 생기게 되었다.

물론 이런 평가는 연합군이 애초 계획한 대로 이뤄지지 못한 전투실패를 덮기 위한 과장이라는 설도 있다. 그래선지 비트만에 대한 평가는 독일보다 영국 쪽이 높다. 여하간 전사에 길이 남을 이 전투는 여전히 믿기지 않는다는 반응과 의혹을 남기면서 하나의 불가사의한 영원불멸의 신화로 존재하고 있다.

2016년 4월 총선을 앞두고 대한민국 정치권은 백가쟁명이다. 빌레르-보카쥬 전투와 이 시기 한국의 정치 상황을 비교하면 제1야당은 연합군이고, 이를 상대로 새로운 정치세력 구축을 노리는 신당세력의 주축인 안철수 천정배는 비트만이다. 아니 더 정확히는 이미 단신으로 거대한 적을 물리친 전과를 올린 천정배가 더 비트만에 가깝다.

2015년 정국에서 야당 연합군은 내내 흔들렸다. 최근 승전하는 전투가 단 한 번도 없으므로 전열이 정비되지 않고 군사들의 사기도 엉망이었다. 이 군사들을 거느린 계파 수장들은 서로 상대방 계파가 잘못하여 전쟁도 전투도 진다고 우군 내 총질이 우선이었다.

이 연합군 지휘부는 그래서 겉으로는 고군분투하는 것 같으나 실상 연합군 전체의 승리가 아니라 자파의 승리가 우선인 것으로 보이는 행보들을 하여 연합군 내의 다른 장수들이 연합을 깨뜨리고 나감과 동시에 연합군 지휘부가 있는 주류세력에 대한 공세를 취하게 만들었다.

야권에게 빌레르-보카쥬는 광주다. 하지만 보카쥬를 점령한 영국군마냥 이 연합군은 그동안 점령한 광주에서 너무 느긋하게 쉬어버렸다.

2015년 4월 29일 천정배라는 비트만이 이리저리 흔들리는 부대, 지휘부가 많은 부대, 자신들의 실력은 모르면서 자만에 빠져 텃밭 운운하는 행동에 기습적 충격을 가했다. 이 전쟁에서 천정배는 연합군을 상대로 단독전투를 수행했다. 그리고 보기 좋게 이겼다. 나중에 다급해진 본진의 수많은 물량공세와 연합군 전 병력의 후방지원이 있었지만 이를 깨뜨렸다. 상대의 허점이 무엇인지 미리 광주의 민심을 파악한 작전의 성공이다. 과감한 결단과 도전이란 과단성의 성공이다.

반면 광주서구을 전투와 유사했던 서울관악을 전투의 정동영은 천정배와 비슷한 전력으로 출진했으나 패배했다. 이유는 무엇일까? 일단은 그가 소유했던 전차의 성능부족이다. 정동영이 승차한 '국민모임'이란 전차는 전투에 투입될 정도의 성능이 없었다. 그런 전차를 몰고 나간 정동영의 판단미스였다.

다음은 척후를 통해 철저하게 적진을 파악 한 천정배와 다르게 정동영은 이 과정을 허술하게 하고 행동에 옮겼다. 천정배와 정동영 그리고 미하엘 비트만을 비교하면 천정배가 훨씬 비트만에 가까웠다는 것이다. 그래서 천정배는 이기고 정동영은 졌다.

비트만은 늘 이기기만 했는가? 아니다. 티이거 전차를 이끌고 적을 갈라 친 뒤 우왕좌왕하는 적의 양측에서 몰아쳐서 연전연승한 비트만은 1944년 8월 8일, 자신의 지휘부대인 기갑사단 제2중대를 끌고 독일군의 후퇴를 엄호하기 위해 캉을 향해 출진했다. 이날 비트만이 탑승한 차량은 티이거 007호 전차였다.

이윽고 시작된 전투, 비트만은 생트 부근에서 적군과 교전을 벌여 적 전차 3대를 격파했다. 그러나 후방으로 들어온(아니면 매복하였던) 적 전차의 공격을 받고 티이거 007호차는 폭파되어 불타고, 비트만과 부하 탑승원은 전원 전사했다. 그의 불꽃같은 삶은 이처럼 전차와 함께 종료되었다. 그동안 수차례 단독으로 혁혁한 승리를 이룬 비트만도 결국은 상대의 매복에 걸려 일생을 마감한 것이다.

이렇게 비트만이 불꽃처럼 산화한 뒤 1년이 되지 않아 독일은 전쟁에서 패했다. 후일 빌레르-보카쥬 전투에서 패한 영국군 제2군사령관 템프시(Dempsey)는 "모든 것이 망신스러운 전투였으나 비트만은 훌륭한 전차병이었다"고 회상했다.

이 사례에서 우리 정치인들은 배우는 것이 있어야 한다. 유리한 고지를 점령하고 있으면 단신이라도 거대한 적을 물리칠 수 있다는 진리, 그러나 그렇게 패배한 적은 또다시 그 같은 상황을 만들지는 않는다는 진리, 이 두 가지 진리를 깨닫고 있으면 선거나 전쟁이나 아무리 불리한 상황이라도 100전 100패하는 경우는 없다. 그런데 지난 수년간 제1야당은 유리한 고지를 선점하고 있었음에도 매번 선거에서 졌다.

이렇듯 비트만을 높게 평가한 영국 제2군사령관 템프시는 영국의 명문 사관학교인 샌드허스트를 졸업했으며, 바로 왕립 버크셔 연대 장교로 1차 대전에 참전하여 십자훈장을 받은 장교로서 2차 대전 당시 아프리카 전선에서부터 노르망디 상륙작전까지 참가한 백전노장이다.

1944년 6월 6일 노르망디에 상륙한 연합군 측의 제21집단군 소속인 영국군 제2군의 사령관을 맡았던 템프시는 상륙이 개시된 후 1군단과 30군단에게 상륙을 지시했으나 이 부대들은 독일의 방어선인 대서양장벽을 뚫지 못하여 계속 부대 투입이 반복되는 악전고투를 했다. 그래서 제2군의 목표인 캉을 쉽게 탈환하지 못했다.

이 같은 독일군의 저항은 비트만 같은 군인들이 있어서 가능했다. 그러나 마침내 캉은 함락되었으며 이 과정에서 비트만은 죽었다. 보카쥬의 213고지를 선점한 뒤 안일하게 쉬던 적을 갈라 쳐서 대승을 거두었던 반면, 생트 전투에선 후방으로 들어왔거나 미리 매복했던 적을 발견하지 못해 자신과 부하 탑승원 모두가 전사했다.

연합군 측은 어찌하면 비트만을 잡을 수 있을 것인지 연구하고 그 연구에 따라 매복 또는 후방 침투를 통해 독일군 전차전의 귀재를 잡았을 것이다. 때문에 이 전쟁사는 정당 안에서의 전투나 상대 정당을 향한 전투를 준비 중인 모든 정치인들이 음미해야 할 사례다.

김대중 전 대통령은 병력도 병참지원도 부족하고 부실하여 작은 전투는 이기고 큰 전투는 지는 사례를 반복했다. 그러나 그 같은 패배를 통해 습득한 지혜를 활용하여 마침내 큰 전투도 이기는 기염을 토했다. 그래서 그는 지금도 위대한 지휘관으로 기록되어 있다. 그가 수없이 진 크고 작은 전투 기록들은 후세들이 습득해야 할 교과서적 내용이다.

노무현 전 대통령은 끊임없이 적진에 홀로 들어가서 싸우다 패퇴했으나, 그 전과들에서 쌓인 경험과 노하우를 통해 후일 대통령이 되었다. 천정배 의원은 스스로나 타인이 전쟁의 귀재로까지는 칭하지 않는다. 그러나 그는 광주의 213고지를 단신으로 미리 점령, 일단 미하엘 보카쥬 승리의 기틀을 마련했다.

안철수는 사실상 아직 특출한 전쟁기록이나 승전 또는 패전의 전과가 없다. 정동영은 서너 차례 작은 승리의 기록은 있으나 큰 전쟁의 패배에 대한 데미지가 너무 크다. 문재인은 천정배라는 비트만에 의해 갈라진 진영을 수습하지 못하고 있다.

이들 모두에게 미하일 비트만의 블레르-보카쥬 전투는 기억돼야 할 전쟁사다. 적의 심장부를 갈라치기 할 수 있는 고지의 선점과 그에 따른 전격전, 같은 승리전법이라도 여러 차례라면 적은 다시 당하지 않는다는 것, 무모한 공격은 목숨을 잃는다는 것, 그것이 미하일 비트만이란 독일군 전차전의 귀재가 남긴 교훈이다.

또 있다. 승자에게 환호하는 민심은 승자가 바뀌면 언제든지 바뀐다는 진리다. 따라서 승자로서 환호하는 민심이 영원할 것이라는 생각은 착각이다. 빌레르-보카쥬에 입성한 영국군을 환호하던 민심은 그들이 패퇴하면서 바로 떠났다. 광주의 민심이 영원히 한쪽편일 수는 없다. 민심고지의 선점보다는 그 다음이 더 중요하다.

3. 낡은 전술, 오래된 레토릭
상대가 알고 대비한 전략으론 이길 수 없다

1914년 7월 28일, 오스트리아-헝가리 제국이 세르비아를 침공하면서 시작된 제1차 세계대전은 동맹국의 리더 독일이 1918년 11월 11일 휴전에 합의하면서 연합국의 승리로 막을 내렸다.

초기 연합국은 영국, 프랑스, 러시아, 동맹국은 독일, 오스트리아-헝가리제국이다. 그러나 전쟁이 장기화되며 동맹국이었던 이탈리아가 연합국 편에 서고 일본과 미국이 연합국에 가입했으며, 오스만제국과 불가리아왕국은 동맹국에 가담했다. 전쟁의 불꽃은 전 유럽을 집어삼켰으며, 참전 군인만 7천만 명에 달했다. 그리고 군인 900만 명을 포함한 약 1,400만 명 이상이 사망하는, 인류역사상 가장 참혹한 전쟁이자 20세기 지구촌 정치를 변혁시킨 기점이 되었다.

종전협정 체결 직후, 독일제국, 오스트리아-헝가리제국, 러시아제국, 오스만제국 등 4개 주요 제국은 해체되었다. 독일제국은 바이마르공화국이 승계했으나 많은 영토를 잃었고, 오스트리아-헝가리제국은 오스트리아와 헝가리로 분할되었으며, 러시아와 오스만제국은 완전히 해체되어 새로운 국가로 태어났다.

이 전대미문의 참극을 마무리한 연합국은 전쟁의 재발을 막기 위해 국제연맹을 창설한다. 하지만 '2차 대전의 시작은 1차 대전의 종전 체결부터이다'라는 말이 있듯, 승전국에 일방적으로 유리하게 체결된 베르사유조약(1차 대전의 종전 평화협정)은 다음 전쟁을 촉발시킬 불씨를 너무도 많이 품고 있었다.

'다시는 이런 끔찍한 전쟁은 없을 거야'

승전국들은 이렇게 바랐을지도 모른다. 그러나 패전 독일, 특히 베르사유조약에서 10만 명으로의 병력 규제, 전차와 전투기 등 중화기 보유 금지라는 치욕을 당한 독일 군부는 전쟁 종결 직후부터 와신상담 복수의 칼날을 갈기 시작했다.

베르사유조약에서 연합국은 다시는 독일이 '사고'치지 않게 하려고 바이마르공화국 병력을 10만 명으로 제한했다. 하지만 이는 오히려 독일군을 정예화 시키는 모순된 결과를 초래한다. 5년간의 참혹한 전쟁으로 이미 국고가 바닥난 패전 독일에게 덩치 큰 군대를 감당할 능력은 없었다. 그런 상황에서 10만 명이라는 강제적 감군은 결국 뛰어난 능력을 가진 간부들만 군에 남을 수 있게 하는 긍정적 구조조정의 효과를 가져왔다.

'왜 졌을까? 그리고 다가올 전쟁에서 이기려면 어떻게 해야 할까?'

이는 독일 군부 핵심이 가졌던 의문과 숙제였다. 이 의문과 숙제를 안고 절치부심 설욕을 벼르던 독일 소장파 군인들은 고민을 거듭한다. 마침내 그 고민에 대한 해답을 뜻밖에도 숙적 영국과 프랑스에서 찾게 된다. 바로 '전차를 앞세운 기동전'이다.

제1차 세계대전은 한마디로 지루한 참호전이었다. 끝없이 이어진 참호선을 사이에 두고 양군이 대치하며 무의미한 돌격을 되풀이하던 전투였다. 철조망과 기관총으로 철통같이 방어되는 참호는 포병의 융단포격과 보병의 착검 돌격으로는 도저히 돌파할 수 없는 철옹성이었다. 한마디로 1차 대전은 방어수단이 공격수단을 압도한 전쟁이었다. 먼저 공격하는 쪽이 절대적으로 불리할 수밖에 없는 상황은 결국 교전국 모두에게 무제한 소모전을 강요했다.

전차가 역사상 처음으로 등장한 것으로도 유명한 솜므전투에서 연합군은 가용한 모든 전력을 투입하여 총공세에 나서 연합군 60만 명, 독일군 50만 명이 죽거나 부상당했음에도 불구하고, 이 전투로 영불 연합군이 진격한 거리는 겨우 15킬로미터뿐이었다. 그래서 이 끔찍한 참극을 두고 '전사자를 묻기에도 좁은 땅을 얻기 위한 전투였다'는 탄식이 나오기까지 한다.

독일이 패배한 결정적 이유는 독일의 국력이 끝없는 소모전을 감당할 수 없었던 때문이다. 도박판으로 비유한다면 패는 좋은데 판돈이 없어서 진 것과 같은 상황이다. 그렇다면 어차피 다음 전쟁에서도 장기전, 소모전을 치르기 버거운 독일의 입장에서는 속전속결, 전쟁의 양상이 소모전으로 바뀌기 전에 전쟁을 최대한 빨리 마무리 지어야 했다.

솜므전투에서 영국이 회심의 무기로 등장시킨 탱크는 참호를 돌파할 결전 병기로 기대를 모았지만, 당시의 기술적 한계로 인해 실제 전투에서는 고장이 속출했고, 운용 경험 미숙까지 겹쳐 기대만큼의 성과를 거두지 못했다. 하지만 처음에 보여준 부족한 퍼포먼스에도 불구하고 탱크가 가진 잠재성을 주목한 선각자들은 분명히 있었다.

전차의 가공할 잠재성에 주목한 선각자들은 영국과 프랑스에서 처음 나왔다. 영국의 리들하트와 풀러 그리고 후에 프랑스 대통령이 되는 드골 등이 바로 그들이다. 이들이 주장한 전차의 운용

개념은 쉽게 말해 '현대판 기계 기병대'였다.

고대부터 근대까지 전장의 기병대는 빠른 속도와 강력한 충격으로 보병의 전열을 깨뜨린 후, 기병 개인의 우세한 전투력으로 적 진영을 유린하는 역할을 담당해 왔다. 하지만 야포와 기관총과 철조망의 등장은 돌격과 돌파 수단으로서 기병의 존재 이유를 없애버렸다. 기병이 상실한 역할을 이제 전차가 맡으면 된다는 것이 리들하트, 풀러, 드골 주장의 골자였다.

하지만 승전 후 자만에 빠져 전쟁이라면 넌덜머리가 난 연합군 지도층은 자국의 소장파 장교들의 주장에 전혀 귀를 귀울이지 않는다. 보수적인 연합군 군인들이 생각하는 전차의 운용 개념은 그저 보병의 진격을 엄호하는 '움직이는 토치카'였다. 그들이 생각하는 전쟁은 여전히 19세기 식 '보병의 착검 후 일제 돌격으로 결판'이라는 낡은 관념에서 전혀 달라지지 않았다.

이에 반해 풀러와 리들하트의 저서를 접한 구데리안, 만슈타인 등 독일군 소장파들은 "바로 이거다!"라며 쾌재를 부른다. 다가올 전쟁에서 설욕을 벼르던 독일 소장파 장교들은 그들의 적이자 설욕의 대상인 풀러와 리들하트의 저서를 탐독하며 새로운 전쟁의 모델을 설계하기 시작한다.

"수백 대의 전차를 집중하여 적 방어선을 돌파한다. 전차부대의 엄호를 위해 전차의 진격 속도와 동일한, 차량에 탑승한 기계화 보병이 뒤를 따른다. 선두 전차부대 진로 상에 있는 방어, 통신, 병참 시설 등을 공군 폭격과 포병 포격으로 분쇄하여 전차 진격이 방해받지 않도록 한다. 전차부대는 최고 속도로 적 진영을 유린하며 적군의 지휘부나 전략 거점을 최단 시간에 점령한다. 한편 돌파된 적 방어선으로 후속 부대를 돌입시켜 적 방어선 배후로 우회,

전방의 아군과 합세하여 적을 포위 섬멸하여 적 병력의 후퇴와 재편성을 원천 차단한다."

오늘날에도 현대전의 기본 공격 전술로 자리 잡은, 이른바 '전격전'의 골격은 이렇게 1차 대전의 치욕을 설욕하려는 독일 소장파 군인들의 집념에서 완성되었다.

정치도 마찬가지다. 1997년 대선에서 당시 여당인 신한국당 이회창 후보를 앞세운 보수진영은 그들로서는 도저히 상상도 할 수 없었던 패배를 당한다. 신한국당은 모든 면에서 야당을 압도했었다. 선거 경영의 핵심이라 할 조직과 자금은 애초부터 비교 대상이 아니었고, 유권자의 투명한 눈과 귀의 소임을 다했어야 할 언론 또한 그들에게 절대적으로 편향된 상태였으며, 공정한 심판의 역할을 수행했어야 할 행정과 사법 영역 또한 신한국당의 수족과도 같은 상황이었다.

이와 같이 다윗과 골리앗, 아니 사마귀와 낫을 든 인간과의 싸움과도 같은 1997년 대선에서 새정치국민회의 김대중 후보는 기적과도 같은 승리를 거둔다. 승자와 패자 모두에게 믿기지 않는 결과였다.

승리의 모티브는 역설적이게도 '3당 합당'이었다. 독일 소장파 장교들이 연합군 장교들의 전차전 교범을 차용, 새로운 전격전 전술을 만든 것처럼, 3당 합당이 구축한 호남포위 구도를 김대중은 여당이 전혀 생각지도 못한 DJP 연합을 성사시켜 역으로 영남포위 구도로 전환시키는데 성공한다.

설마 김종필이 김대중을 지원할까? 설마 이인제가 끝까지 완주할까? 최소한 김영삼 대통령이 이인제는 돌려세워주지 않을까?

유리한 구도를 구축했던 여당은 설마하며 기존의 구도가 그렇게 쉽게 무너지리라는 예측을 하지 못했다. 그래서 DJP 연합이란 전격전에 대한 대책이 전혀 없었다. 난공불락 철옹성 같은 여당의 전열은 그렇게 한곳이 무너지자 도미노처럼 걷잡을 수없이 한꺼번에 무너져 내렸다. 그래서 그들은 도저히 질 수 없는 전쟁을 졌다.

그렇다면 5년 후 2002년 그들은 절치부심 패인을 분석하고 설욕을 노려야 했다. 물론 그들도 절치부심했을 것이며 설욕을 노렸을 것이다. 그러나 5년 후 또 졌다. 왜? 상대가 수구 보수로서는 상상도 못했던 또 다른 전격전으로 나왔기 때문이다.

구데리안이나 만슈타인이 회심의 카드로 기획한 '전격전'은 독일군 노장파 장군들에게서 '전쟁을 모르는 젖비린내 나는 애송이들의 몽상'이라는 시큰둥한 반응을 얻어냈을 뿐이었다. 그런데 여기서 의외의 인물이 등장하며 소장파의 아이디어에 강력한 추진력을 실어준다. 바로 나치 독일 총통 히틀러다.

프로이센 귀족 출신이 주류인 독일군 장교 집단에게 히틀러는 하찮은 존재였다. 오스트리아 평민 출신인 히틀러는 1차 대전 때 하사관으로 참전한 것이 군 경력의 전부였다. 이 때문에 히틀러 집권 초기, 나치즘에 경도된 일부를 제외한 대다수 독일 '장군님들'은 히틀러에 대해 적지 않은 반감을 가졌다. 비록 실행에 옮기지는 못했지만 히틀러 축출을 위한 쿠데타 모의마저 있을 정도였다.

히틀러 또한 군사 귀족이라고 거들먹거리는 이들을 탐탁지 않게 여겼다. 그런 히틀러에게 구데리안이나 만슈타인의 기갑사단을 동원한 '전격전' 전술은 자신의 세계정복 야망을 가능케 할 '신의 한 수'로 받아들여졌다. 히틀러는 재군비를 선언하고 독일군에 기갑사단들을 속속 창설했다. 이 기갑사단들이 제2차 세계대전의 발발과 동시에 화려하게 데뷔전을 치른다.

1939년 9월 폴란드 침공에서 기갑사단을 앞세운 독일군은 거의 한 달 만에 폴란드를 굴복시켰다. 그리고 이어진 1940년 5월 프랑스 침공에서 1차 대전 당시 5년을 싸웠어도 점령하지 못한 파리를 역시 한 달여 만에 점령하는 데 성공한다. 6월 25일 프랑스는 독일에게 항복하고, 프랑스의 동맹으로 파병된 영국군은 무기마저 모두 버리고 도버해협 너머로 줄행랑을 친다.

'전격전(電擊戰, Blitzkrieg, 영어로 lighting war라는 의미)'이었다. 아이러니하게도 전격전이라는 단어가 처음 등장하는 것은 폴란드 침공을 다룬 타임지 기사였다고 하며, 이를 나치 선전기관이 차용해서 널리 퍼뜨렸다고 한다. 어쨌든 독일군은 두 차례의 전격전과 몇 차례의 막간극(덴마크, 노르웨이, 유고슬라비아, 그리스, 크레타전투 등)을 통해 사실상 유럽 전역을 석권한다. 해군력이 빈약하여 도버해협 건너 영국을 굴복시키는데 실패했지만, 이제 남은 단 하나의 적 소련만 격멸하면 나치 독일은 세계를 호령하는 대 제국이 될 수 있었다.

다시 한국정치 이야기로 돌아간다. 2002년 대선을 앞둔 새천년 민주당에게 정권재창출의 가능성은 별로 높지 않았다. 한나라당 이회창은 1997년의 패배를 설욕할 만반의 준비를 갖추고 있었다. 하지만 천신만고 끝에 집권에 성공한 김대중 정부는 IMF 극복과 남북정상회담이라는 업적에도 불구하고 진보와 보수를 아우르는 사회적 대통합에는 실패했다.

정권이 새로 들어설 때마다 고질병처럼 되풀이 되는 정권 실세와 친인척 비리는 국민의 정부에서도 예외는 아니었다. 따라서 파란만장한 정치역정 끝에 DJP 연합이라는 승부수로 집권한 김대중에게 정권재창출을 위해서는 상식을 뛰어넘는 특단의 대책이 필요했다.

하지만 당시 집권당이었던 새천년민주당의 대선 전략은 평범 그 자체였다. 1997년 대선의 '넘버 쓰리'였던 이인제, 리틀 DJ를 자칭했던 한화갑 정도를 유권자들에게 그나마 쓸 만한 상품이라며 내놓았을 정도였다. 그들이 5년간 설욕의 칼날을 갈며 대권에 재도전하는 한나라당 이회창의 맞수가 될 수 없다는 사실은 누가 봐도 빤한 사실이었다.

한나라당 이회창 후보를 앞세운 보수진영은 와신상담 5년 만에 다시 정권을 되찾을 꿈에 부풀어 있었다. 그러나 와신상담 절치부심만 했지 그들도 새로운 전술을 갈고 닦은 것은 아니었다. 독일은 1차 대전 패전 후 와신상담 절치부심 기갑사단을 창설하는 등 '전격전'을 준비하고 있었지만, 한나라당은 와신상담 절치부심만 했지 새로운 전술, 새로운 무기, 새롭고 강한 정예병을 양성한 것은 아니었다는 것이다.

양측 모두 이런 약점을 갖고 있는 사이 새천년민주당 진영에 구데리안이나 만슈타인 같이 신무기와 새로운 전술을 탑재한 강력한 인물이 등장한다. '노무현'이다.

노무현은 한국정치의 패러다임을 노무현 이전과 이후로 갈라놓았다고 해도 과언이 아닌 정치인이다. 그는 한국 사회의 주류나 로열패밀리 출신이 아니었으며, 우리가 흔히 아는 정치인과 비교하여 성장 과정과 경력이 판이한 인물이었다. 빈농 집안의 아들로 태어나 상고를 나왔을 뿐, 대학은 다니지도 못했고, 인권변호사로 변신하기 전까지 정치나 사회활동과는 무관하게, 그저 '세무'라는 블루오션을 개척했던 유능한 변호사였을 뿐이었다.

노무현이 이른바 'YS 키즈'로 정계에 입문한 이후의 정치행보는 알려진 그대로이다. 청문회 스타, 3당 합당 반대, '바보 노무현'의 선거 신화, 이후 김대중 정치 세력과의 합류. 탁월한 언변과 대중 친화력, 눈앞의 정치적 이득보다 자신만의 정치적 원칙과 신념을 지켜나가는 처신 등은 기존 정치인들과 비교하여 노무현만의 독특한 이미지로 유권자들에게 신선하게 어필했다.

이러한 정치적 자산을 밑거름으로 새천년민주당 대선후보 국민 경선에서 노무현은 기적의 역전극을 일궈내며 국민의 정부 정권재 창출을 위한 기틀을 마련하고 마침내 정권을 쟁취한다. 2002년 당시 노무현에게는 기존의 선거 공학을 뒤집어 버리는 파격적인 전략 전술이 있었다.

첫째는 21세기 들어 위력을 발휘한 인터넷-모바일의 힘이다. 노무현은 정치인 팬클럽 제1호인 '노사모'의 주인공이다. 그리고 휴대폰을 통한 선거자금모금이라는 기상천외한 '병참루트'를 구축했다. 기존 정치인들이 고비용 저효율의 동원조직에 의존한 것에 비하면 노무현의 선거는 참으로 참신하고 획기적인 정치 이벤트였다.

둘째는 호남정서의 절대적 지원을 받는 영남후보라는, 지역주의 파괴 공식이었다. 김영삼의 3당 합당 후 수구 보수에 맞서는 최후의 보루로 남은 호남은 김대중 이후의 정치지도자로서 호남 출신이 가장 큰 결격사유가 될 것이라는 점에 암묵적으로 동의할 수밖에 없었다. 이는 리틀 DJ를 자칭한 한화갑의 결정적 한계이기도 했다.

2002년 호남은 경상도 남자 노무현의 정치적 자산 가치에 주목한다. 이는 2002년 민주당 광주 지역 대선후보 국민경선에서 모두의 예상을 깨고 노무현이 1위 득표를 얻는 기적으로 나타나게 된다. 이처럼 2002년 노무현의 대선 승리는 2차 대전 초기 독일의 전격전 신화를 연상케 한다.

낡은 전쟁의 패러다임을 거부했던 구데리안 같은 선구자가 신무기 전차를 중심으로 포병, 보병, 공군을 입체적으로 결합하여 설계한 신 전술로 폴란드와 프랑스를 삽시간에 굴복시켰던 전격전은 낡은 정치 패러다임을 거부했던 노무현이라는 신선한 인물이 당시의 신기술 인터넷과 호남의 영남 지지라는 상식 파괴를 결합하여 골리앗 이회창을 무너뜨린 선거 혁명과 흥미로운 비교 대상이 된다.

그러면 지금도 이 전술이 옳은가? 2002년의 전술은 2002년의 신전술일 뿐이다. 이 전술은 이미 낡은 전술이 되었으며 게다가 2016년의 상대가 속속들이 파악하고 있다. 따라서 2016년에 어울리는 전술이 새로 나와야 하는 것은 불문가지 상식에 속한다. 그런데 지금도 문재인과 친노 세력의 정치적 레토릭은 "Again 2002!"에서 한 발짝도 벗어나지 못한 상태이다. 이를 바꾸지 않으면 희망은 없다. 그렇다면 어떻게 바꿀 것인가? 과연 우리는 적이 상상도 하지 못한 신 전술을 기획하여 이를 선거전에 화려하게 꽃피울 비책과 역량을 찾아낼 수 있을까?

4. 승리는 독약이 되기도 한다
지금은 우주전이다

1941년 6월. 독일은 소련을 침공한다. '바바로사 작전'으로 명명된 소련 침공 작전은 한마디로 1939년과 1940년 전격전의 확대 개정판이었다. 이미 두 번이나 가공할 위력을 선보였던 전격전 전술로 독일은 겨울이 오기 전에 모스크바를 점령하고 이듬해에는 유럽-아시아 경계선인 우랄산맥까지 진출할 것으로 믿어 의심치 않았다. 그러나 결론부터 말하자면 1941년 겨울 독일군은 모스크바를 목전에 둔 상태에서 처음으로 처참한 패배를 경험하게 된다. 그리고 '바바로사 작전'은 독일군의 마지막 전격전으로 역사에 기록된다.

승리는 위대하고 달콤한 과실이지만 때로 모든 과오를 덮어버리는 치명적 독약이 되기도 한다. 독일은 1939년 폴란드 침공에서 믿기 어려운 승리를 얻어냈지만 그 승리의 이면에는 결코 무시할 수 없는 희생과 오류도 뒤따랐었다. 독일의 선전 기관은 요란하게 전격전의 위력을 떠들었지만 진실을 말하자면 당시 독일군에서 전격전의 중핵인 기갑사단의 비중은 별로 크지 않았다.

시행착오도 적지 않아 독일군 전차부대는 후속부대와 진격속도 조율에 실패하여 때때로 적 후방에 고립되어 전멸 당할 위기에 처하기도 했고 1939년에 독일군이 운용했던 전차 대부분은 기동력은 뛰어났지만 공격력과 방어력이 취약하여 폴란드군 대전차무기에 속수무책으로 당하는 경우가 많았다. 폴란드 전투 결과 독일군 전투 차량 손실률이 50퍼센트에 달한다는 통계가 있을 정도였다.

독일군 전투 사단 상당수는 애초 계획된 진격 임무 달성에 실패했다. 그럼에도 불구하고 독일군이 단기간에 폴란드를 점령할 수 있었던 비결은 실제 이상으로 과장된 패전 소식이 폴란드 군에 야기한 패닉과 폴란드 정부의 외교력 미숙과 전략적 판단 미스 때문이었다.

폴란드는 독일이 자신들을 침공하면 서쪽의 영불 연합군이 독일을 공격하여 자신들을 응원할 것이라 기대했다. 그래서 상대적으로 방어가 불리한 국경 지역에 병력을 넓게 분산 배치했다. 폴란드의 계산은 소련이 자신들을 침공하지 않을 것이란 판단에 기초했다.

그러나 폴란드에 가해진 치명적 일격은 독일의 군사력이 아닌 히틀러의 외교였다. 침공 불과 8일 전인 1939년 8월 22일. 독일은 소련과 불가침 협정을 맺고 사실상 폴란드를 독일과 소련이 분할 점령하는 데 합의한 것이다.

이 때문에 폴란드가 정신없이 서쪽의 독일군에게 난타당하고 있던 1939년 9월 17일. 독―소 비밀 협정에 따라 동쪽에서 소련이 폴란드를 침공한다. 이는 최전선 독일 야전군도 모르고 있었을 정도로 극비 사항이었다. 전격전과 외교전 더블 카운터펀치는 폴란드에게 치명타였다.

1940년 6월 두 번째 전격전인 프랑스 침공은 1년 전 전격전의 오류 경험을 바탕으로 기갑사단을 확대 재편하고, 전차의 수량과 성능도 개선한 상태에서 치러진다.

하지만 독일과 소련 사이 약소국이었던 폴란드와 달리 프랑스는 국토와 국력과 군사력 면에서 폴란드와는 차원이 다른 적수였다. 폴란드 침공을 수수방관 지켜보던 영국은 프랑스에 대륙 원정군을 파견하여 독일의 침공에 대비했다. 게다가 프랑스에는 마지노선이라는 철벽 방어선이 독불 국경선을 굳건히 지키고 있는 상태였다. 그럼에도 불구하고 독일은 불과 한 달여 만에 프랑스를 굴복시키고 영국의 대륙원정군을 패퇴시킨다.

이게 과연 "무적 독일 전차사단의 신출귀몰한 전격전 전술"만으로 가능했을까? 아니다. 두 번째 전격전의 승리 비결은 전격전 자체가 아닌 전격전이 선택한 '루트'에 있었다. 독일군의 기갑사단이 아무리 강력하다고 해도 철저히 요새화된 마지노선을 정면으로 돌파하는 것은 1차 대전 때 철조망과 기관총으로 방어되는 참호선에 보병부대를 몰아넣는 것과 같은 미친 짓이었다.

그렇다면 독일이 선택할 수 있는 침공 루트는 마지노선을 크게 우회하여 북쪽 네덜란드-벨기에 평야 지대를 돌파하는 길 뿐이었다. 모두가 그렇게 생각했다. 침공을 지시한 히틀러마저도 처음에는 그렇게 생각했다. 하지만 2차 대전 최고의 천재로 평가 받는 군인 중 하나인 만슈타인의 생각은 달랐다. 그는 기갑사단이 과거에는 상상도 못한 기동력과 험지 돌파력을 가진 것에 주목했다. 그래서 아무도 생각하지 못했던 침공 루트를 제안한다.

바로 벨기에 아르덴 산림지역을 기갑사단이 돌파하는 작전이었다. 그의 계획에 따르면 누구나 예상하는 뻔한 공격로인 북부 지역에 독일군이 유인작전으로 침공을 개시, 영불 연합군 주력을 북쪽으로 유인하면 기갑사단이 중부의 아르덴 산림을 단기간에 돌파, 북상한 영불 연합군을 배후에서 차단, 포위 섬멸한다는 것이었다.

당시에는 아무도 전차가 울창한 숲 속을 거침없이 달릴 수 있을 것이라는 생각은 하지 못했다. 그래서 마지노선이 사람이 구축한 난공불락의 방어선이라면 아르덴 산림은 자연이 만든 접근 불가의 장애물로 여겨졌다. 그러나 기술의 발달로 인한 전차 성능의 향상은 사람들의 상식과 고정관념을 순식간에 바보의 순진한 착각으로 바꾸어 버렸다. 이 기상천외한 작전이 전격전이라는 신(新)전술과 찰떡궁합이 되어 1940년 승리를 가져오게 되었던 것이다.

이 같은 승전의 기록들은 1941년 6월의 나치 독일군을 지구상 대적 불가의 군대로 여겨지게 만들었다. 그 힘을 바탕으로 350만 침공군은 거침없이 러시아 평야를 향해 파죽지세로 진격을 개시했다. 이미 두 번의 경험을 통해 독일군의 전격전 교리는 절정의 완성도를 보여주었으며, 전차와 기갑사단의 숫자도 이전과는 비교 불가능한 대규모였다. 당시 독일군은 이미 기갑사단의 상위 제대인 기갑군단을 넘어 기갑군단의 상위제대인 기갑군까지 창설해서 운용할 정도였다.

히틀러의 예상대로 소련은 반격다운 반격도 제대로 펼치지 못하고 속수무책으로 붕괴되기 시작했다. 스탈린 집권 후 단행된 무리한 숙군으로 인해 오합지졸로 전락한 소련군은 이미 독일군의 적수가 아니었다. 모두들 소련의 항복은 단지 시간문제라 생각했다.

그러나 이 눈부신 전격전 승리의 후광은 연합군의 판단력도 흐리게 했지만 무엇보다도 승리의 주역인 독일군의 자만을 불러왔다. 물론 앞서 언급했듯이 독일군은 두 차례 전투를 통해 전격전을 완벽하게 가다듬어 소련 침공에 임한 것이 사실이다. 그러나 그 전격전 전술이 채울 수 없었던 마지막 2퍼센트 – 폴란드전에서의 외교전과 프랑스전에서의 아르덴 산림 돌파와 같은 비책 – 는 전혀 준비되지 않았다. 아니 오히려 부족한 것은 2퍼센트보다 훨씬 더 많았었지만 아무도 그 진실에 주목하지 않았다. 그게 무엇일까?

유럽 지도를 보면 독일–폴란드 국경과 독일–프랑스 국경에서 폴란드와 프랑스로 진격하는 전선의 폭은 거의 변하지 않음을 쉽게 알 수 있다. 반면 독일에서 소련으로 침공하는 경우에는 침공군 전면의 폭이 소련 내부로 들어갈수록 넓어지는 상황이 벌어진다. 따라서 350만 침공군 병력은 사상유례가 없는 대병력이지만 진격을 거듭할수록 부대 간 간격은 넓어질 수밖에 없었다. 소련 전역을 점령하기엔 충분한 수준은 아니라는 의미다.

폴란드나 프랑스 국토는 소련과 비교하여 매우 작다. 즉 종심이 짧은 전역(戰域)이다. 이는 공격 측에서 한두 번 결정적 승리만 거두면 방어 측은 후퇴하여 전열을 정비할 시간적, 공간적 여유가 허락되지 않는 상황이다. 하지만 소련은 아니다.

그들의 가장 결정적인 방어 무기는 바로 방대한 국토였다. 스탈린은 이를 이용한다. 즉 어차피 대세를 돌이키기엔 역부족이라면 땅을 주고 시간을 버는 것. 소련의 이런 선택으로 독일이 독소전 초기에 거둔 전과는 상상을 초월한다. 민스크 포위전에서만 소련은 50만 가까운 병력을 상실했다. 대한민국 육군 병력이 단 한 번의 전투에서 사라진 셈이다. 그러나 독일이 그런 승리를 여러 차례 거두었어도 소련군은 후퇴를 거듭할지언정, 결코 붕괴되진 않았다.

오히려 방대한 국토에서 끝없이 동원 가능한 인력을 바탕으로 소련은 독일군에게 잃은 병력보다 더 많은 병력을 방어전에 투입할 수 있었다. 아차 싶은 사이 이미 독일은 자신들이 절대로 말려들지 말았어야 할 전쟁의 수렁에 빠지게 된다. 독소전은 개전 초기부터 장기전, 소모전의 양상을 보이기 시작한 것이다. 절체절명의 위기에 몰린 소련도 모르는 사이에, 승리에 도취된 히틀러도 모르는 사이에.

2002년 노무현은 선거혁명에 비견될 승리를 거두었다. 하지만 완벽한 승리의 귀감인 것 같던 독일 전격전의 이면에서 적지 않은 문제점을 찾을 수 있듯 노무현은 독일의 전격전이 범했던 오류 이상의 오류들을 범했다. 노무현이 순회경선에서 이긴 이유는 누가 뭐래도 호남과 김대중이다. 광주 경선의 승리, 즉 광주의 노무현 선택은 호남 정서의 절대적 지원을 받는 영남 후보라는, 지역주의 파괴 공식을 광주가 전격적으로 승인한 것이다. 광주는 영남인 노무현을 호남이 선택하므로 지역감정으로 닫힌 문을 먼저 열었다는 자부심마저 느꼈다.

이는 그에 앞서 평민당 서경원 의원의 무단방북 구속 후 의원직 박탈이 된 전남 함평영광 지역구에 지역주의 청산을 내걸고 대구 출신인 이수인 교수를 공천했을 때 파격적으로 당선시켜 준 전례에서 찾을 수 있다. 즉 호남은 소수 약자로서 문을 걸어 닫은 주체가 되는 것이 아니라 피해와 압박을 받은 지역일지언정 화해의 손길을 먼저 내밀었다는 진정성을 영남 야권이 인정해 주길 바랐다.

그러나 노무현 후보는 호남의 이런 절절한 구애를 가볍게 생각했다. 호남의 진정성을 인정한 것이 아니라 기본적으로 '한나라당과 이회창에게 빼앗기면 안 되니까 나를 선택한 것'정도로 인식했다. 그래서 '이겨주면 그게 보답하는 것' 정도로 자기의 위치를 선정했다.

이 생각이 '이기기 위해서 호남을 좀 무시해도 상관없다'까지 나갔기 때문에 후보 경선 승리 후 김영삼을 찾아가서 '영삼시계'를 내보이며 자신이 '김영삼의 적자'임을 선언한다.

하지만 이것은 노무현이 당에서 비토 당한 첫 번째 정치적 실책이었다. '호남인의 진심을 무시한 노무현'. 이것이 당시 호남의 정서였다. 김영삼은 김대중의 라이벌이라기보다 앞길을 막은 '적'에 가까운 존재였다. 천신만고 끝에 김대중을 통해 잡은 정권을 후계자 노무현에게 맡기려고 했는데, 노무현은 김대중의 후계자가 아니라 김대중의 적과도 같은 김영삼의 정치적 양자가 되고 싶어 하며, 그를 상도동계의 적자로 인정해달라는 제스처로 보였다. 심하게 말해 이것은 어쩌면 정치적 배신으로 여겨질 수도 있는, 절대로 해서는 안 되는 일이었다.

그 결과 노무현의 지지율은 순식간에 곤두박질한다. 호남에서 나오기 시작한 노무현 비토 여론이었다. 지지율 저하는 후보사퇴 여론으로 흘렀다. 그런데 이유를 제대로 깨닫지 못한 노무현은 '후보로 뽑아놓고 흔든다'고 불만을 토로한다. 그의 입에서 나온 지역주의 철폐는 호남을 질책하는 것으로 확대되었다. 오류는 이 한번이었으면 좋았겠으나 지방선거 후보공천 당시 "대선후보 자격으로 영남지역 공천을 책임지겠다. 이후 선거에서 당선자를 내지 못하면 후보를 사퇴하겠다"고 선언했다. 이 선언이 추후 후보 사퇴 압박을 받은 결정적 사건이 된다.

이후 노무현은 민주당 대통령 후보로 확정되어 당선이 확정되는 그 순간까지 후단협 사태에서 보듯 야당 후보의 지위마저도 위협받을 정도로 끊임없는 위기에 봉착했고, 개표 방송이 시작되기 직전까지도 그의 승리를 장담하는 사람은 아무도 없는 상태였다. 그러나 노무현은 이겼다. 왜? 어떻게? '전격전'에 못지않은 새로운 전술, 상대가 예측하지 못한, 마치 독일이 폴란드에서 보여준 외교전과 프랑스에서 보여준 아르덴 산림돌파와 같은 기상천외한 작전들 덕분이다.

모바일 모금과 희망 돼지저금통 등을 통해 깨끗한 돈으로 깨끗한 선거를 치르겠다는 공언, '그럼 아내를 버렸어야 합니까?'에 이은 '노무현의 눈물' 홍보, 결정적으로 여론조사에서 열세임에도 정몽준과 여론조사 단판승부라는 결단. 이런 것들이 상대가 도저히 예측할 수 없는 작전이있다. 노무현은 낡은 정치의 패러다임을 뛰어넘는 탁월한 정치인이고 승부사였다.

물론 승리의 원동력은 호남의 영남 후보 지지라는 전략적 선택과 당시 사회 변화의 첨병 역할을 했던 인터넷 모바일 환경이 노무현이라는 소신과 역량과 대중 친화력을 겸비한 정치인과 화학적으로 완벽히 융합된 결과였다고 설명할 수 있다. 그러나 그것만으로 한나라와 이회창이라는 골리앗을 무너뜨리기엔 역시 2퍼센트가 부족했다. 앞서 언급했지만 노무현은 그 부족한 2퍼센트를 '감성을 담은 정면 돌파' 작전으로 채웠다.

선거막판 이회창 진영은 색깔론으로 전면 공격을 감행했다. 그들의 마지막 무기였다. 부인 권양숙 여사의 부친, 즉 노 후보의 장인은 '빨치산'이었으며 전쟁 종료 후 옥사했다. 이회창 진영에게 이보다 더 좋은 무기는 없었다. 이미 연좌제는 폐지된 지 오래지만 자신들 진영의 표를 모으는데 가장 요긴한 전술이었다.

"노무현 장인은 감옥에서도 빨치산에서 전향하지 않았다. 따라서 빨치산의 딸을 영부인으로 만들 수는 없다. 빨치산의 딸이 청와대 안주인이 된다면 빨치산과 싸우다 죽은 국군과 경찰들의 영혼이 뭐라고 할 것인가?"

이 절체절명의 순간을 노무현은 한마디로 정면 돌파한다.

"그렇다면 아내를 버렸어야 합니까?"

이 감성적 호소는 여심을 움직였다. 여자가 친정의 흠으로 버림을 받는다는 심리, 이는 여성들에게 용납되지 않는 것이다. 이렇게 움직인 여심을 파악한 한나라당은 더 이상 그에 대한 공격을 할 수 없었다. 여기에 '노무현의 눈물'이란 홍보 동영상이 방점을 찍었다.

기타를 치면서 상록수를 부르는 노무현, 연설을 들으며 눈물을 훔치는 노무현, 이 그림은 힘 있는 상대로부터 핍박을 받는 힘없는 서민의 한 모습이었다. 그렇게 부족했던 2퍼센트가 채워졌다.

그러면 지금도 그 전법이 유용할까? 2002년 대선으로부터 이미 15년 가까이 세월이 흘렀다. 유권자의 패러다임도 요구도 지향점도 다르다. 더구나 결정적인 것은 문재인은 노무현이 아니다. 노무현이 가진 순발력도 없고, 노무현이 가진 돌파력도 없다. 더 없는 것은 콘텐츠다. 정치인 문재인의 문제인식 정치가 없다. 그냥 노무현의 친구, 노무현의 비서.

수많은 패배를 통해 완벽한 대비를 하고 있는 일본 수군이 있는 부산진을 무작정 공격한 원균의 조선수군은 반격을 받고 밀려나와 칠천량에서 참혹한 패배를 당했다. 원균과 조선수군은 이순신과 조선수군이 아니었기 때문이다. 노무현이 아닌 문재인으로서 2002년의 전술은 유용하지 않을뿐더러 사용할 수도 없다. 그때의 지지층 절반 이상이 떠난 상황 아니던가.

반대로 상대는 이미 판을 다 읽고 대비책을 세우고 있다. 그럼에도 아직 2002년의 전술과 전략이 승부수라고 한다면 이 전쟁은 해보나 마나. 특히 전술도 전략도 무기도 지원군도 판을 읽혀버린 그대로 또 싸운다면 그것은 바보짓이다.

그러면? 상대가 읽을 수 없는 '전격전'과 성동격서의 전법이 필요하다. 이를 2002년의 향수에만 머물러 있는 문재인과 친노 정파가 해낼 수 있을까? "새누리는 나쁘니까 좋은 우리를 찍어 줘" 전법 하나로 한다고? 그 믿음은 다시 실패할 것이다. 2016년엔 2016년의 '전격전'이 필요하다. 참호전이 전차전으로 바뀌었듯, 전차전은 지금 우주전으로 바뀌고 있는데 아직도 13년 전 2002년 전술을 신 전술이라며 노무현 우상화만 하는 것은 그저 패배하겠단 선언과 전혀 다르지 않다. 우주전에는 우주전에 맞는 전략과 전술, 장비와 인력, 이를 제대로 다룰 수 있는 참신한 리더가 절대적으로 필요하다.

제 3 장

이론은 실제와 다르다

1. 의도의 진정성은 면죄부가 아니다
다포탑 전차 T-35의 좌절과 꿈

　제2차 세계대전 최고의 전차는 소련의 T-34이다. 소련과 사투를 벌인 독일의 티이거나 판터 역시 우수한 전차였고, T-34와 1대 1로 맞붙는다면 티이거는 압승, 판터는 근소한 우세승으로 결판나지만, 소련의 T-34를 최고의 전차로 치는 이유는 단순한 전투력 이상의 플러스알파 요소들이 T-34에게 많았기 때문이다.

　T-34보다 월등한 능력을 보유한 티이거의 총생산량은 1,300대 남짓, 판터는 6,000여 대가 생산됐다. 반면 T-34는 적게 잡아도 5만 대 이상이 2차 대전 중 전장으로 쏟아져 나왔다. 왜? T-34는 전차의 3대 요소라고 하는 화력, 기동력, 방어력이 절묘한 균형을 이루었고, 만들기 쉽고, 병사들이 다루기 쉽고, 거기다가 거친 전장 환경에서 잔고장도 별로 없는 신뢰성 높은 병기였기 때문이다.

　그러면 T-34가 장점만 있고 단점은 없는 전차였는가? 아니다. 주포의 조준장치가 부실했고, 초기 생산 물량에는 무전기도 달려 있지 않았다. 그러나 이런 사소한 단점은 엄청난 장점들로 충분히 상쇄될 수 있었다. 그 결과 T-34는 '모스크바의 수호신', '소련을 구한 병기', '2차 대전 최고의 전차' 등 화려한 찬사와 함께 전차 개발 역사에서 독보적인 명성을 얻게 된다.

하지만 소련이라고 T-34같은 걸작 전차만 만든 것은 아니었다. 그들의 전차 개발에도 적잖은 시행착오가 있었다. 민망한 실패작 중 하나가 바로 T-34와 끝자리 숫자만 하나 다른 '다포탑 전차 T-35'이다.

이름에서 알 수 있듯, T-35는 포탑이 여럿 달린 전차다. 포탑이 무려 5개, 차체 중앙에 대형 포탑 하나, 앞쪽에 소형 포탑 두 개, 뒤쪽에도 소형 포탑 두 개가 달렸다. 덩치도 당연히 크다. 탑승 인원도 10명(전차 승무원은 크기에 따라 다르지만 3~5명 정도). 거기에 당시 소련군에는 10명 이상 단위부대에는 정치장교가 복무한다는 규정이 있어 정치 장교까지 추가로 탑승했다.

그러면 소련은 왜 이런 전차를 만들었을까? 쉽게 말하면 탁상공론 때문이다. 전쟁을 후방의 소파에 앉아 편하게 지휘하시는 장군님들은 '탱크도 크고 무기가 많이 달리면 더 강할 것'이라는 단순한 생각에 이 전차의 개발을 지시했으며, 그래서 포탑 5개가 달린 탱크가 나오게 된 것이다.

즉, 당시 소련군 수뇌부는 전차를 '육상 전함'의 개념으로 만들려 했다. 그렇게 개발된 T-35의 모습은 우리에게 익숙한 '탱크'보다는 '전함'을 더 많이 닮았다. 하지만 시제품이 완성된 후 시험 결과 T-35는 기대와 달리 실패작으로 판명되었다. 커다란 차체를 감당하기 어려운 엔진 출력은 T-35를 느림보 거북이로 만들었으며, 차체의 크기 때문에 무게의 제약이 있어 차체를 보호할 장갑도 부실했다. 한마디로 기동력과 방어력은 0점이었다.

그렇다면 포탑이 많으니 공격력이라도 확실하면 좋았겠지만, 그 또한 엉망이었다. 어차피 포탑이 5개라고 해도 모든 포탑이 동시에 한 목표를 타격하는 것은 포탑의 위치로 보아 불가능했으며, 오히려 포탑 서로 간의 간섭으로 인해 시야에 사각이 많아 실전에서는 불리한 요소로 작용했다. 게다가 전차장이 전장에서 5개 포탑을 효과적으로 통제하며 사격지시를 내리는 것도 쉬운 일은 아니었다.

소련은 무적의 육상전함을 기대하며 T-35를 만들었다. 그러나 애초에 무게 45톤, 길이 9.72미터 정도 크기의 차체에 포탑을 다섯 개나 달았다는 것 자체가 어불성설이었다. T-35에 장착된 다섯 개 포탑의 무장을 자세히 보면 76.2밀리미터 곡사포 하나, 45밀리미터포 두 개, 나머지 두 개는 포가 아닌 기관총이었다. 반면, 후에 연합국 전체에 충격을 준 괴물전차의 원조 티이거-I은 무게가 56톤, 길이 8.45미터인데 포탑은 달랑 하나, 주포 구경은 88밀리미터였다.

아무튼 이렇게 개발된 T-35는 1941년 독소전 개전 후 일선에 투입되어 독일 전차군단에 맞서 싸웠다. 하지만 이론과 실제의 괴리가 어느 정도인지 확인하는데 드는 시간은 그리 길지 않았다. 주포 구경이나 장갑 두께 등 제원표상 '스펙'이 훨씬 떨어지는 독일 전차들에게 T-35는 확실한 표적이 되어 추풍낙엽처럼 쓸려나갔다.

포탑이 다섯 개 달린 전차라면 최소한 다섯 대 역할은 해야 수지타산이 맞는데 T-35는 통상 전차 한 대 역할도 제대로 해내지 못했다. 그래서 소련은 T-35를 단 60대 정도만 만들고 생산을 종료한다. 무적의 육상전함으로 기대를 모았던 다포탑 전차 T-35는 한마디로 머리 다섯 개 달린 멍청한 괴물로 전장의 멀쩡한 표적이 되어 스러져 간 것이다.

2017년 12월 대한민국은 제19대 대통령을 선출하는 대통령 선거가 있다. 그런데 이 대통령 선거를 준비한다는 이른바 대선주자들은 야권에만 노무현 후광의 문재인 서울시장 박원순 안철수 현상의 안철수 떠오르는 기린아 이재명 구원투수론의 안희정 등의 이름이 오르내리며 여론조사 기관들의 지지율 조사 대상이 되어 있다.

그러나 이들이 대선후보로 거론되는 야권을 보고 있자면 영락없는 T-35 전차이다. 중앙 대형 포탑을 놓고 싸우는 이상한 다포탑 전차이다. 즉 중앙의 주포탑이 되려는 문재인과 안철수가 부딪치더니 결국은 탱크 자체를 두 동강 냈다. 그러기 전에도 물론 고만고만한 다섯 개의 포탑이 달린 괴상한 탱크 모습이 연상되어 이들과 딱 맞아떨어지는 느낌이다. 그래서 이 다포탑 전차는 어디로 봐도 '스펙'이 한참 떨어지는 여권 전차에게 이길 수 있겠다는 느낌마저도 주지 못한다.

싸움을 하다 보면 이길 수도 질 수도 있다. 중요한 건 패배의 이유를 철저히 분석하고 그 전철을 반복하지 않고 다음 싸움에 대비하는 자세이다. 그렇다면 포탑 5개짜리 괴상한 전차로 이길 수 없다는 것쯤은 알아야 한다. 왜 싸우기만 하면 부패와 무능이라고 비판하는 여권 전차에게 판판히 깨지는지 패인을 냉정하게 분석해야 했다. 하지만 그들은 그 냉정한 분석도 하지 않는다. 패배의 이유를 자신에게서 찾는 것이 아니라 타인에게서 찾는다. 괴상한 탱크의 부조화, 그럼에도 그 탱크의 주포탑 자리를 놓고 하는 내부의 이전투구를 멈추려 하지 않았다.

그리고는 선거에서 패배하면 호남표가 밀지 않아서 졌다, 야권이 분열되어서 졌다, 후보공천에 문제가 있어서 졌다, 계파 패권으로 타 계파 후보를 전적으로 지원하지 않아서 졌다는 등 이런 이유들을 댄다. 다시 말하면 옆의 포가 내 포를 방해하여 제대로 사격할 수 없기 때문에 졌다라는 이유를 만드는 데만 능통하다.

호남표가 밀지 않아서였다면, 호남표가 밀지 않은 이유가 있을 것이므로 그 이유를 찾아서 다시는 그런 일이 없도록 해야 한다. 야권이 분열되어서, 계파 싸움 때문에, 후보 공천에 문제가 있어서 등도 마찬가지다 이 모든 것들이 다 자신들의 흠이다. 옆의 포가 내 포의 사격을 방해하여 전력의 100퍼센트를 발휘할 수 없었다면 탱크 자체를 개조하여 주포의 사격이 능하도록 바꿔야 한다. 흠을 제거하고 다시는 지지 않겠다는 정비가 필요하다. 그러나 그러지 못한다. 그러니 선거마다 지는 것이다.

여기서 냉정한 시선으로 야권의 선거 패배 이유를 분석해 보자. 그러면 원내 제1야당의 몰락은 크게 두 가지 이유에 기인한다는 점을 알 수 있다.

첫째, 자신들 탱크의 주포는 당연히 문재인이어야 하고 그 포에는 절대로 오류가 있을 수 없다는 맹신 때문에 패배를 현실로 인정하지 못한 점이다. 그러므로 주포의 사수나 그 지지팀은 당연히 패인 분석에서 주포 외 다른 포들이 혹여 포격 실수나 하지 않았는지 그것만 따진다. 패인은 곧 타인에게로의 책임전가다. 결과는 다음 선거에 출전할 때도 전혀 개량이 안 된 T-35 전차를 전혀 달라지지 않은 작전으로 운용하는 것이다.

둘째, 선거마다 닥치고 통합, 무조건 연대만 외친다. 5개의 포도 모자라서 포를 더 달아야 한다는 논리다. 2012년 총선의 닥치고 통합은 제1야당은 제1야당대로 통합진보당은 통합진보당대로 이 포 하나 더 달기 경쟁을 하다가 결국은 다 망했다. 그럼에도 또 새로운 전차세력을 구축하려는 안철수 신당 세력을 2014년 지방선거에서 새로운 포탑 없은 탱크로 나섰다가 다시 깨졌다. 이런 패배의 전례가 있음에도 아직도 '닥치고 통합'을 지긋지긋하게 반복적으로 읊는다.

통합과 연대가 선거의 주전략으로서 가치를 발휘하려면 하나 더하기 하나가 둘이 아니라 셋 혹은 그 이상의 결과물을 낳아야 한다. 그런데 지금 야권의 '다섯 포탑'들이 과연 다섯이 아닌 열 이상의 시너지 효과를 내고 있다고 볼 수 있을까? 아니다. 평소 야권 진영의 병사들은 적 전차보다 자신의 전공 쌓기에 방해가 되는 아군 포탑부터 부셔놓고 보자는 식의 만인에 의한 만인의 투쟁을 벌였다. 서로 견제하느라 능력발휘를 못하는 것이다.

소련이 만든 T-35 전차는 다섯 개의 포가 유기적으로 움직이지 못했다. 이를 움직인 전차병들이 장갑차 안에서 각자의 전공을 위해 상대의 포가 제대로 작동하지 못해도 포만 쏘려고 한데서 기인했다. 그래서 스탈린은 곧바로 이 전차의 생산을 중단시켰다. 그리고 성능이 좀 떨어지지만 다루기 쉽고 다량생산이 가능한 T-34탱크를 주 전력으로 되돌렸다.

우리나라 보수집단인 새누리당은 성능이 좀 떨어지지만, 그래서 사사건건 욕을 먹지만 전투마다 이기는 다량생산이 가능한 무기들을 애용한다. 1997년~2002년까지는 선거홍보도 선거 전략도 현재의 집권당보다 현 야권이 월등했다. 후보의 언변과 지식도 상대를 능가했는데 홍보와 선거 전략까지 우수하여 광고전 토론전 포격전 백병전 어디서도 밀리지 않았다.

그러나 그 이후, 즉 노무현 집권 후 '순혈주의'가 집권층 이너서클의 이데올로기가 되면서 이런 번뜩이는 아이디어도 채택되지 못해 홍보전에서도 밀리기 시작했다. 그리고 지금은 길거리 현수막 전쟁에서도 새누리당에게 번번이 밀리는 졸전을 거듭하고 있다. 이를 만회하려고 홍보 전문가를 영입했다고 자랑은 하지만 그 '전문가'의 영역이 또 성역으로 인정받아 비판까지 금기시 되므로 당명에서 CI까지 후퇴를 거듭하면서 논란의 대상만 되고 있다.

반 보수진영의 지상목표는 보수집단의 핵으로 뭉친 새누리당이 다시 집권하지 못하도록 하는 일이다. 그렇다면 무조건 새누리당을 하나라도 더 많은 선거전장에서 패배시켜야 한다. 이게 절대 우선순위이다. 그러나 허우대만 멀쩡한 표적 전차 T-35와 다를 바 없는, 몸집만 비대한 19대 국회 제1야당은 이 우선순위에 대한 절박함이 없었다. 입으로는 말로는 절박하고 분명한 정권교체를 주장하지만, 절대 우선순위는 당 주류인 친노 정파의 세력 확장이며 그 정파의 수뇌인 문재인 대표의 정치적 영향력 확보다. 따라서 이에 반대되는 아군 진영의 반대파를 우선 처치하는 것이 그들의 목표였다.

그럼에도 선거 때면 또 통합을 말하고 연대를 주장하면서 물리적 단일화를 절대선으로 치부한다. 이런 상태, 이렇게 단일화된 후보는 그래서 아군 지지층의 외면 때문에 표의 응집현상을 일으키지 못했다. 특히 후보선정에서부터 계파 패권주의에 몰입하여 자신들 계파 후보를 우선순위로 공천했다는 비판이 끊이지 않았다. 그 후보가 정치낙제생이든 열등생이든 관계없이 계파에 대한 충성이 확인되면 정치낙제생, 열등생이라도 구제하여 후보로 내세워서 끝내는 국지전도 전면전도 패배했다. 애초 이길 수 없는 전쟁준비였으니 패배는 불문가지다.

솔직히 말해 이런 상태의 정치결사체를 정당이라고 할 수 없다.

그 극명한 현상을 19대 국회 제1야당은 보여줬다. 유권자들에게 여당과 1대 1구도를 만들어야 한다며 닥치고 통합, 무조건 연대하여 만들어진 현 야당과 야권의 국회의원들이 지금 어떤 모습인가. 박근혜 정부가 저지른 수많은 실정과 독선과 아집에도 불구하고 위에 열거한 야권 대선후보들의 지지율은 단 한 번도 박근혜 대통령 지지율을 넘어서지 못했으며, 뇌물 수수자, 성범죄자, 논문 표절자가 넘쳐흐르는 여당의 지지율 또한 야당을 더블 스코어 수준으로 압도하는 양상이었다.

대한민국 17대 이명박, 18대 박근혜 대통령은 국민을 위한 선정을 펼친 좋은 대통령이었다는 평가를 받기는 힘들다. 마찬가지로 이 시기 여당도 좋은 정당이라는 평가가 어렵다. 이 평가는 2008년~2015년을 대한민국 국민으로 사는 다수가 동의하는 내용이다. 하지만 이명박이 좋은 대통령이 아니고 그 정당이 좋은 여당이 아니라는 다수의 여론이었음에도 2012년 12월 박근혜 대통령 후보는 유효투표수의 51.6퍼센트를 득표하여 대통령에 당선되었다. 그리고 3년이 지난 2015년 평균 지지율은 40퍼센트 부근이다. 이 결과가 그녀는 좋은 대통령이란 평가를 할 수 없는 근거다. 마찬가지로 여당의 지지율 또한 40퍼센트 대다. 국민 절반 이상이 이 정당을 좋아하지 않는다는 증거다.

그런데 이러한 대통령과 여당에 비해 정권교체를 노리는 야당 지도자는 5개의 포탑이 다 고만고만한 지지율을 보이며 평균 지지율 10~20퍼센트 대 언저리에 있다. 또 그들이 이끄는 정당의 지지율은 단 한번도 30퍼센트를 넘기지 못했다. 심지어 여당의 절반 수준까지 떨어진 때도 있었다. 세월호 참사, 메르스 공포, 전세대란에 의한 서민생활 피폐 등 점수를 줄 수 있는 부분이 전혀 없는

116

대통령과 여당 지지율의 절반에도 미치지 못한 것이다. 이는 결국 야당과 그들이 자랑하는 다섯 포탑이 지금의 상태라면 절대로 대안세력이 될 수 없다는 명제에 국민들 대부분이 적극적으로 동의한 것으로 볼 수 있다. 이것이 바로 100전 100패의 전적에도 무적이 될 것으로 믿는 제1야당이란 다포탑 전차의 현실이다.

하지만 이 전차는 어제도 오늘도 내일도 다섯 포탑들이 적 전차와의 싸움보다 자신이 중앙 포탑이 되겠다는 포탑끼리의 전투에 집착하는 중이다. 그러다가 포탑 중 하나가 급기야 내려졌다. 따라서 이 전차는 이제 할 수 없이 수리에 들어갔다. 이 수리는 어쩌면 해체의 수준일 수도 있다.

다포탑 전차가 설계자의 이상을 구현하려면 다섯 개의 포탑이 '따로 또 같이'의 개념을 충실하게 따라주어야 한다. 사방에 적이 있다면 각자 맡은 구역을 처리하고, 하나의 포탑으로 처리하기 어려운 강한 상대라면 5개의 포탑이 동시에 강력한 적을 향해 공격을 가할 수 있어야 한다.

그런데 20세기 초 기술로 만들어진 전차에 고정된 다섯 개의 포탑은 이 두 가지 개념 중 하나도 만족시킬 수 없었다. 마음껏 회전하기에 전차의 차체는 너무도 작았고, 그 작은 차체를 움직일 엔진은 출력이 너무도 부족했다. 더구나 장갑차 안에서 포를 움직여야 하는 포병들은 서로 자기 포 우선주의에 집착했다. 결국 이 전차는 단기간에 폐기되었다.

2015년 제1야당도 마찬가지이다. 야권을 장악한 낡은 도그마들인 민주와 독재, 노무현과 반 노무현, 호남에 얽힌 지역주의 논쟁 등은 다섯 개의 포탑을 자임하는 정치인들을 포용하기엔 너무도 비좁으며, 이들에게 제공할 수 있는 정치적 동력은 더욱 초라하다.

다포탑 전차의 이상을 구현한 무기는 현실이 아닌 SF 만화에 있다. 변신, 합체 로봇이 바로 그것이다. 평소에는 각자 떨어져 활동하고 싸우다가 혼자서 감당하기 어려운 강적을 만나면 하나로 합체하여 무서운 힘을 발휘하여 적을 물리치는 변신-합체 로봇, 한국 정치판에서 이 무서운 무기를 꼽으라면 단연 현 여당이다.

여당도 계파는 있으므로 단일 강철대오는 결코 아니다. 친이계 친박계 등 양대 계파, 친박계가 분화한 원박(원조 박근혜계), 탈박(이탈한 박근혜계), 비박(친박도 반박도 아닌 중간지대), 진박(진짜 박근혜계), 여기에 상도동계의 잔존 세력, 유연한 보수를 천명하는 수도권 정치인들, 경제, 법조, 문화, 언론을 망라한 사회 각 분야에서 수혈된 인물 등 거대 여당 새누리의 인적 구성과 세력 분포 역시 나름 복잡한 모양새를 띄고 있다.

따라서 이들도 평소에는 서로 으르렁대기도 하고 총질을 하기도 한다. 그러나 공공의 적 야권과의 전투 모드가 형성되면 재빠른 변신과 합체를 통해 무서운 전투력을 장착한 거대 로봇으로 돌변한다. 그들이 그렇게 변해버리면, 부패와 무능의 여당쯤이야 한방에 보낼 수 있다고 떠들던 야권은 언제나처럼 풍비박산이 나고, 그 원인을 두고 또 서로 진영 내에서 상대계파의 잘못이라며 치고 박고 싸운다. 그 와중에 승리한 여권은 느긋하게 야당 싸움을 구경한다.

이게 여권의 무서운 힘이다. 승리를 위해서라면 그들은 정말로 무한한 의지를 가지고 있다. 권력획득을 위해서라면 그들이 악의 대명사로 저주하는 종북 좌파의 이데올로기도 차용하는데 주저함이 전혀 없다. '네 멋대로 해라. 하지만 이기는 방법으로만 해라.' 이런 도그마로 움직이는 여권은 부패하고 무능하고 단순무식하기만 하다. 스펙으로만 따지자면 T-34 전차처럼 저렴한 전차들의 집단이다. 그러나 승리를 위해 한없이 유연해 질 수 있는 그들은 이기기 위해서 최적화된 정당으로 진화를 거듭하는 것이다.

프로와 아마추어의 차이는 의도가 아니라 결과에 있다. 아무리 선한 의도라도 그것이 최악의 결과를 초래했다면, 아마추어에게 는 의도의 진정성으로 면죄부를 줄 수도 있지만, 프로에게는 도저 히 용납될 수 없는 치명적 과오가 된다.

왜? 자신의 행위가 어떤 결과를 초래할 지 예측해 내는 능력이 야말로 프로의 기본자세이기 때문이다. 어떤 정치인이 자신의 탁 월한 능력이 아니라 다만 '순수한 도덕성'을 무기로 하고, 자기의 능력이 아니라 '노무현'이란 '후광'을 통해 정권을 쟁취할 수 있다 고 생각한다면 그것은 기만이고 사기다. 자신과 소수의 이너서클 이 추구하는 목적을 위해 반 보수진영을 수단적 가치로 이용하는 기만은 절대로 용납될 수 없다.

야권은 닥치고 하나로 뭉쳐야 하고, 뭉쳐야 하는 기준은 오로지 친노, 이 도그마 안에서 20세기 초 구닥다리 전차 수준에 불과한 비좁고 허약한 차체를 가져다 놓고 거기에 조화가 불가능한 포탑 들만 덕지덕지 붙여두면 천하무적 무기가 된다고 믿고 주장하는 엉성함, 이 어설픈 아마추어들이 바로 천덕꾸러기로 전락한 야당 의 주류 세력이다.

이들에게 아무리 후하게 점수를 주려 해도 줄 수 없는 이유는 그들이 전쟁이든 전투든 이겨내지 못하기 때문이다. 그래서 이들 은 결국 승리가 목적이 아니라 자신들 순결함과 도덕성을 인정받 는데 굶주린 자들에 지나지 않는지 의심이 간다. 그것이 아니라면 그들에게는 정권 획득으로 세상을 보다 살기 좋은 곳으로 바꾸겠다는 소명이 있어야 한다. 그러려면 더 좋은 전차, 더 우수한 전차병에게 자리를 내줄 수 있어야 한다. 그런데 그러지 않는다. 자신들 외에 누구도 좋은 전차를 만들 수 없고 그 전차를 운용할 수 없다고 우긴다. 싸우면 지면서도 그렇다. 따라서 이들은 야권에서 누리고 있는 자신들의 달콤한 기득권을 천년만년 지키며 누려보겠다는 패권의식에 사로잡힌 정치자영업자라고 할 수밖에 없다.

다시 말하지만 여권은 권력을 지키기 위해서라면 정말로 종북좌파 이데올로기를 강령으로 삼을 수 있는 정치집단이다. 그러면 야권은 어떠해야 하겠는가. 여권에게서 권력을 쟁취해 세상을 보다 살기 좋은 곳으로 만들 수만 있다면 '노무현, 김대중 무오류에 대한 도그마'를 부인할 수 있어야 한다. 그렇더라도 승리한다면 예수가 자신을 세 번이나 부인한 베드로를 용서했듯, 하늘에 있을 김대중과 노무현도 그런 야권을 호탕하게 웃으며 재미있어 할 것이다.

그러나 그들은 그러지 못한다. 바이블 오류는 인정할 수 없다. 따라서 2016년의 총선 전쟁판에서도 야권의 승리를 기대하는 사람은 없다. 승리하려면 다포탑 전차를 폐기해야 한다. 이 전차를 신종 전차로 바꿔서 출진해야 한다. 신제품 전차는 당연히 운영하는 전차병도 다르다. 이 간단한 진리를 위해 2016년 4월 총선 가도의 야권 정치권은 분주하고 다양하다. 그러면 이 분주하고 다양한 작업들이 성능 우수한 신제품 전차를 만들어 내야 한다. 그것이야말로 현 야권 정치인들에게 주어진 숙명이다.

2. 자기만족적 전략의 최후
지금은 탱크에 시멘트를 바를 때가 아니다

1943년. 공세로 전환한 소련군 주력 전차 T-34는 독일군이 아무리 부숴도 끊임없이 쏟아져 나오는 압도적 물량을 자랑한다. 독일군은 다양한 아이디어를 짜내어 여러 가지 대전차 무기를 만들어 내는데, 그 중 재미있는 무기가 바로 자기흡착식 지뢰다. 쉽게 말해 자석이 붙은 대전차 지뢰인데 이것을 들고 전차에 접근해서 전차에 '철커덕'하고 붙인 뒤 도망치면 수초 후 폭발, 한 방에 적 전차를 무력화시킬 수 있는 보병용 휴대 대전차 무기였다.

물론 보병이 이걸 들고 전차에 육박돌격을 감행하는 것은 자살 행위와도 같았지만, 그래도 소총이나 기관총만 있는 보병이 전차 공격에 직면했을 때 이런 무기라도 있는 것과 없는 것은 하늘과 땅 차이었을 것이다.

이 지뢰의 총생산량이 55만개로 결코 적지 않은 수량이라는 사실은 당시 독일이 처한 절박한 상황과 이 무기에 대한 기대를 어느 정도 보여준다. 그런데 이 무기를 개발하고 만족해 하던 독일군은 이내 고민에 빠진다.

'이 좋은 무기를 로스케가 똑같이 만들어 그나마 씨가 마르고 있는 우리 전차를 부셔버리면 어쩐다?'

무기의 표절은 시험의 커닝과 달리 절대로 부정행위가 아니다. 그것은 적군의 무기를 표절하더라도 무조건 좋은 무기를 만들어야 이길 수 있기 때문이다. 따라서 독일은 소련 등 연합군이 자신들의 자석식 대전차 지뢰를 베껴서 만들면서 더 성능이 우수한 지뢰를 만들면 결국 죽 쒀서 남 주는 꼴 아니겠느냐는 생각을 하게 되고 그 결과 게르만족 특유의 완벽주의는 곧바로 해결책을 내 놓는다.

'그래, 전차에 자석이 붙지 않게 하면 되겠군.'

쇳덩어리 전차에 자석이 붙지 않게 하려면? 독일군은 전차 표면에 반자성 물질, 일종의 시멘트를 바르기 시작한다. 2차 대전 독일 전차의 상징 중 하나인 찌메리트(zimmerit) 코팅은 이런 과정을 거쳐 탄생한 것이다. 1943~44년 중반 사이 생산된 독일 전차는 물론 기타 장갑차량에도 찌메리트 코팅은 널리 적용된다.

찌메리트 코팅 – 판터 전차의 전면. 마치 빗살무늬 토기 같은 무늬가 새겨져 있다.

그런데 독일군의 이런 완벽한(?) 대비책은 과연 독일군 전차들을 '짝퉁 자기흡착 지뢰'의 위협으로부터 효과적으로 보호해 주었을까? 답은 '전혀 아니다.'였다. 이유는 독일군의 대비책에 문제가 있었기 때문이 아니었다. 독일군과 싸우는 어느 나라 군대도 독일군이 명품 무기라고 생각했던 자기흡착 지뢰를 만들 생각이 전혀 없었기 때문이다.

소련은 주력 전차인 T-34를 풀빵 찍듯이 만들어 벌떼처럼 전장에 풀어놓은 상황이라 어쩌다 나오는 독일 전차를 보병에게 맡길 이유가 없었다. 서방 연합군은 보다 우수한 로켓식 대전차 무기인 '바주카포'와 압도적인 공군력이 있었기 때문에 역시 자기흡착 지뢰 따위의 무기를 개발할 필요를 전혀 느끼지 못했다. 때문에 전차에 시멘트 바르기, 찌메리트 코팅은 독일군의 어이없는 '삽질'로 끝나고 만다.

안 그래도 비효율적이던 독일의 전차 생산에 찌메리트 작업은 결코 긍정적인 요소는 아니었고, 자체 무게가 100~200kg에 달하는 찌메리트의 무의미한 하중 추가는 전차의 연비와 기동성에도 마이너스 요인이 되었다.

결국 찌메리트 코팅이 독일 전차병에게 도움을 준 점은 딱 하나뿐이었다. 그저 '보호가 되겠지'라는 심리적인 안정감, 독일군도 바보는 아닌지라 혼자서 북치고 장구 치던 찌메리트 코팅은 1944년 말 폐지되고 말았다.

이 찌메리트 코팅의 해프닝에 대하여 생각해보면 나의 목숨을 노리는 상대의 시각으로 나를 관찰하며 내 단점을 개선하는 것이 아니라, 내 시각으로 내 문제를 판단하고 해결하고자 하는 지극히 주관적인 사고방식으로는 성공할 수 없다는 교훈을 얻을 수 있다.

다시 말해 적이 선택할 수 있는 공격 방법으로부터 나를 보호하고 살아남겠다는 게 아니라, 내가 생각하는 안전기준만 충족하면 그만이라는 자기만족이 더 우선시 되는 계획이나 실행은 결코 좋은 계획이나 실행이 아니란 얘기다. 따라서 이 찌메리트 코팅 해프닝은 어쩌면 게르만민족이야말로 세계 지배민족이라는 인종우월주의에 사로잡힌 나치 이데올로기에서 비롯된 사고방식일지도 모른다.

2008년~2016년 대한민국 야당의 전략은 보고 또 봐도 독일군이 70여 년 전에 보여준 '찌메리트 해프닝'과 별로 다르지 않다는 생각이 든다.

이들은 언제나 자기들 생각에서 빠져 나오지 못 하고 있다. 전형적인 운동권적 사고방식, '상대는 무조건 나쁘고 나는 절대적으로 옳아'의 도그마가 적의 시각으로 나를 냉철하게 평가하는 것을 철저히 막아버린다.

나치들도 그랬다. 소련군을 열등 슬라브 민족으로 깔보면서 그들 쯤은 일당백으로 무찌를 수 있다는 맹신과 자만이 있었다.

어차피 여권이나 야권이나 지금 시점에서 충성도 높은 지지자를 빼앗아 오기는 거의 불가능하다. 그렇다면 지지층 다지기, 다시 말해 집토끼 간수하기가 더 우선이다. 내 편은 확실하게 다져두는 작전이 그것이다.

새누리당 대표 김무성은 2015년 여름 여당 대표 자격으로는 최초로 미국을 방문했다. 그런데 그는 이 방문 일정 중 미군 묘지에서 큰절하며 '미국은 생명의 은인'이라 칭송하는 이벤트를 했다. 이에 대해 야권은 경멸하며 비판했으나 김무성으로선 내 편 다지기의 확실한 포석이었다.

'아생연후살타'는 바둑용어만이 아니다. 정치도 마찬가지다. 2008년~2015년 대한민국 제1야당은 매번 선거마다 야권이 통합하고 혁신하면 여권을 이길 수 있다는 호언장담을 서슴지 않았다. 언제나 패배하면서도 그런 단꿈을 줄기차게 꿀 수 있는 그들의 의식구조가 신기해 보일 지경이지만 어떻든 그들은 무조건적 단결이 여권을 이기는 비장의 무기쯤인 것으로 안다.

하지만 그 비장의 무기로 자랑하는 통합은 자기흡착지뢰처럼 애처롭고 절박한 심정으로 만들어낸 처량한 무기일 뿐이다. 전가의 보도로 여기는 혁신은 적군인 여당이 전혀 신경도 쓰지 않는 찌메리트 코팅 같은 해프닝에 지나지 않는다.

2008년~2016년을 관통하는 여당이 과연 제1야당을 심각한 적수로 여기기나 했을까? 선거 때면 여당은 자신들이 가진 가장 막강한 전투력으로 야권을 제압했다. 혁신쇼를 해도 정말로 그럴듯하게, 민심에 호소하는 방법도 반바지에 피켓을 드는 우스꽝스러운 모습으로도 부끄럽지 않다며 당 대표 이하 심지어 문지기까지 행동에 옮기는 파격도 선보였다.

하지만 야권은 그러한 기미는 보이지 못하면서 매번 "상대는 이래서 나쁩니다. 그러니 좋은 우리를 선택해 주세요." 전법과 '닥치고 통합' 전법으로 나왔다. 상대가 언제나 알고 대비하는 전략, 이런 전략은 시작부터 패배의 자인이었다.

때문에 2016년 총선의 관심사는 야당의 승리여부가 아닌 여당의 개헌선 확보 여부이다. 이처럼 이미 여권에게 야권은 상대가 아니다. 그래서 여권의 각 계파 계산은 여권 내 주도권 싸움에 초점이 더 맞춰져 있다.

김무성의 미국 방문 시 행보는 바로 이런 시각으로 바라봐야 한다. 여권 지지층 내 친미 보수 세력에게 확실한 눈도장을 찍어두려는 작전. 잠재적 경쟁자들이 개혁진보를 말할 때 더 확실한 보수 우파적 정치 이벤트를 보여줌으로써 수구 보수의 적장자임을 각인시키려는 작전이다.

요즘도 이슈만 불거지면 시청 앞에서 성조기와 태극기를 흔들면서 '형님 나라 미국 만세!'를 외치는 노인네들 수준의 사고방식을 가진 사람들에게(이런 사람들이 여권의 중요한 정치자산이자 표밭이다) 김무성의 이런 모습은 생물학적 후계자가 고갈된 박정희-박근혜 왕조를 계승할 후계자로서 강한 인상을 남겼다. 김무성은 이렇게 '아생(我生)'의 기지를 확보하고, 귀국 후 곧바로 '살타(殺他)'

에 나서면서 차기 여권후보의 입지를 다져나가고 있다.

이에 반해 제1야당의 지도자들은 어떤가? 누구라고 할 것 없이 이들에게 작전은 오직 하나. 자나 깨나 상대를 비난하고 상대가 실수하면 반사이득으로 지지율을 올려보겠다는 얄팍한 술책 정도다.

그래서 세월호 참사와 성완종 게이트, 국정 역사교과서 사태 등에서 보듯 야당은 거듭되는 집권여당의 악재에 제대로 대처하지 못하여 수권정당, 대안정당으로서의 면모를 유권자들에 0.0001 퍼센트만큼도 각인시키지 못했다. 게다가 다른 작전, 다른 무기, 다른 전술 등도 생각하지 않는다. 이들에게는 다른 작전이 필요하다는 생각 자체가 아예 존재하지 않는 것 같다.

끝없는 패배로 전장에 새로 투입할 전차가 고갈되어가는 1943년에 자기흡착식 대전차 지뢰를 개발하면서 만족해 한 독일군 수뇌부는 "혹시 저놈들이 이걸 베끼면 어쩌지?" 하는 노파심에 멀쩡한 전차에 시멘트를 발라서 무겁게 만들어 버렸다. 이 기상천외한 '뻘짓'은 멀쩡한 전차의 기동성까지 떨어뜨려 버렸다. 그랬음에도 그들은 완벽한 대책을 세웠다며 전쟁에 이길 수 있을 것이란 터무니없는 망상에 빠져있었다. 그런데 소련군의 공격은 망상과 단꿈과는 전혀 다른 수준으로 독일군과 야당을 산산조각 낸다.

'닥치고 통합' '무조건 혁신'만 해치우면 천하무적이라는 단꿈에 젖어 있는 야당은 야당이 상상하지 못한 전혀 다른 수준의 전략을 구사한 새누리당에 의해 산산이 깨진다. 2012년 총선, 2012년 대선의 '중도화보다 더한 진보화=경제민주화' 코스프레, 2014년 지방선거의 반바지 피켓시위 "한번만 도와주세요." 모드 등은 야권이 상상하지 못한 전술과 전략이었다. 그래서 야당의 꿈은 산산

조각이 났다.

국회 정치개혁특위를 한동안 운용하지 못할 정도로 여야 양측이 팽팽하게 대립한 선거제도 개편에 대한 핵심의제만 봐도 전쟁의 승자와 패자를 예측할 수 있다. 야당의 주장인 권역별 비례대표제는 지역할거 정치 지형의 변화를 위해 필요한 제도다. 또 전문가 집단이나 여성 등 소수자들의 정치권 진입이 용이한 비례대표의 숫자도 54명이 많은 것은 아니다.

그러나 헌법재판소의 결정에 따른 2:1 인구편차를 지키면서 비례대표 54명 선을 지키려면 필수적으로 농어촌 선거구를 통폐합해야 한다. 하지만 기초단체 2~3개, 최대 4개까지가 하나의 지역이었던 현실에서 다시 통폐합을 한다면 최대 5개의 기초단체가 하나의 지역구가 되는 상황도 생길 수 있다.

이는 또 기존 지역구의 통폐합 작업에서 전혀 엉뚱한 지역들이 하나의 지역구로 묶이면서 농어촌 자치단체 사이에 소 지역감정까지 생길 개연성도 있다. 더구나 지금 농어촌의 상황은 한중FTA 발효 시점이 다가올수록 민심 악화가 심해지고 있다. 그런데 이 민심이 사실상 정부여당을 향해야 하나 야권까지 함께, 즉 정치권 전체로 향하고 있다.

따라서 여당은 이러한 농어촌 민심의 폭발력을 누구보다 여실히 감지하면서 이들의 약점을 건드리지 않으려고 조심 중이다. 때문에 이 와중에 선거구까지 통폐합을 당한다면 상대적 박탈감이 더 심각해질 개연성이 있다. 여당은 이를 인지하면서 헌재의 결정인 2:1 인구편차도 지키고 농어촌 지역구 통폐합도 최소로 줄이면서 이런 불합리를 해소하는 방법은 비례축소와 지역구 확대 외엔 없다고 주장한다. 그런데 야당은 이런 현실에서 우당이자 소수당인 정의당의 눈치가 무서워서 비례는 줄일 수 없다고 버티는 형국이다.

결국 이 두 가지 현안, 즉 비례대표 의석 고수 또는 확대 및 권역별 비례대표를 주장하는 야당안과 농어촌 지역구를 지키려면 비례대표를 축소할 수밖에 없으므로 농어촌 지역구를 살리고 그만큼 비례를 줄이자는 여당 안 중 민심은 여당 안에 더 가깝다.

권역별 비례대표란 결국 어찌하면 자기편 의석을 하나라도 적지에서 더 얻을 것인가의 정치권 위주 사고이고 농어촌 지역구 살리기는 실상이야 어떻든 겉으로는 유권자 권리 지키기로 보이고 있는 현실 때문이다. 그래서 이 또한 여권의 여론전 승리로 볼 수 있다.

정치개혁특위의 표류나 지역구 확정이 늦어진 문제에서도 야당은 자기들 이익 위주의 주장으로 대들고 여당은 농어촌 유권자들 이익을 지키자고 대드는 형국이니 이 싸움은 홍보 이니셔티브도 야권이 여권에게 완패인 것이다.

유권자들 중에서 여당 세력이 정말로 도덕적이고 공정한 사람들이라고 믿는 사람들이 과연 몇 명이나 될까. 그리고 김무성 부친의 친일전력이 여권을 비토 할 이유라고 판단하는 사람의 비율은 얼마나 될까? 현실이 그러할 진대, 야권의 앵무새 타령은 여전히 되풀이 되고 있다.

"새누리당이 나쁜 줄 모르셨나요? 김무성이 친일파 후손인 거 모르고 계셨어요? 이제 우리가 이렇게 확실하고 자세하고 친절하게 알려드렸으니까 절대로 새누리당 지지하지 마세요. 알겠죠?"

이런 정당이 다시 집권을 노리는 제1야당이라는 것이 더 신기하다. 내가 뭘 어떻게 잘해서 당신들을 잘 살게 해주겠다는 청사진은 없고 "저들은 나쁘고 우리가 좋은 사람들이라는 점"만 지겹도록 반복해서 외치고 있다.

연합군은 이미 상대를 모든 면에서 제압하고 있는데 대전차 지뢰나 만들고 탱크에 시멘트나 바르는 삽질로 안위하며 인종우월주의에 사로잡혀 적군을 멸시하고 아군을 과대평가 하던 독일군 수뇌부와 전혀 다르지 않다.

새로운 정치세력의 출현을 막기 위해 자기들 반대편에 대한 집요한 공격도 마찬가지다. 이른바 '야권 분열론'도 찌메리트 삽질과 별반 다르지 않다. 새로운 정치세력이 출범하여 '야권 분열'이 현실화되고, 이로 인해 총선에서 야권 전체가 패배해도 이는 현 제1야당과 친노 주류 세력의 독선과 아집과 오만이 만들어낸 것이지 신당파가 자신의 힘으로 한 것은 아니다.

죽음에 임박하면 누구라도 생존을 위해 꿈틀거리지 그냥 엎드려 죽지는 않는 것이 상식이다. 탈당과 신당창당은 이런 절절한 생존본능이다. 그래서 아무리 '닥치고 통합'을 주장했어도 결국 신당의 출범을 막지 못했다. 왜? 탈당파들은 이미 '닥치고 통합'으로는 어떤 승리도 불가능함을 예견하고 있으므로 생존을 위한 용틀임이라도 해야 했기 때문이다.

독일군 수뇌부는 '대전차 지뢰를 개발했으니까, 찌메리트 발랐으니까 우리 탱크는 이제 안전해' 하고 안심했다. 마찬가지로 제1야당 주류 친노 정파는 지금도 '여당과 박근혜 대통령은 나빠, 신당 지지는 여당과 박근혜 지지와 똑같아'라는 주문만 외우고 있다. 그렇게만 하면 신당 바람이 사그라지고 야권은 단일화되며 정권은 그냥 굴러 들어올까.

독일군이 자기흡착 지뢰만을 생각하며 전차에 시멘트를 열심히

처바를 때, 소련은 T-34 전차를 벌떼처럼 전장에 풀어 독일군이 전차의 바다에 익사할 지경으로 몰아붙였다. 미국은 비행기로 하늘을 덮고 보병에게는 전차 근처에 갈 필요조차 없는 바주카포를 쥐어 주었다. 전쟁에 이기는 편과 지는 편은 이렇게 결정된다.

지금 우리 정치권의 여야 대치구도를 보면서 다시 한 번 2차 대전 말기 독일군과 연합군을 생각하지 않을 수 없다. 지금은 탱크에 시멘트를 바를 때가 아니다. 그럼에도 제1야당 주류는 탱크에 시멘트만 열심히 바르고 있다. 이길 수 없는 전쟁의 준비만 하는 것이다.

3. 기적의 무기란 없다
히틀러의 '기쁨조' 거대전차 '마우스'

    밀리터리 역사에서, 제2차 세계대전의 나치 독일군만큼 '독특한' 존재도 찾기 힘들다. 물론 고대 로마군, 몽골 기병, 나폴레옹의 프랑스군 등 여러 측면에서 나치 독일군과 비교할 대상은 많지만, 나치 독일군에게 '독특한'이라는 표현을 쓴 이유는 제2차 세계대전 후반기에 그들이 집착했던 '신무기 개발 프로젝트' 때문이다.

    제1차 세계대전에서 패배한 독일이 다시 세계정복을 목표로 폴란드를 침공하면서 일으킨 제2차 세계대전은 1943년을 기점으로 독일의 수세로 국면이 전환된다. 그 해 처음으로 전후 처리를 위한 연합국의 카이로회담이 열린 것만 봐도 알 수 있는 사실이다. 독일의 패배는 이미 가능성의 명제가 아니라 시간문제라는 데에 연합국은 인식을 공유한 것이다.

    2차 대전 말기, 전쟁은 이미 무제한 소모전, 물량전, 장기전의 양상이었다. 몇몇 뛰어난 장군의 천재적인 전략, 전술이나, 야전군의 작전수행 능력, 각개 병사의 전투력만으로 전쟁하던 시절은 이미 과거의 일이 되었다.

    즉 군사력으로 표현되는 국가의 무력뿐만 아니라 경제, 사회, 문화 등 국가가 가진 총체적 역량을 쥐어짜 국가와 국민 전체의 사활을 걸고 싸우는 말 그대로의 '국가 총력전'이 제2차 세계대전의 본질이기도 했기 때문이다.

유럽의 교전 당사국 중 히틀러는 육군 총사령관을 겸임한 유일한 최고 지도자였다. 이는 다른 지도자들이 군권을 직업군인에게 일임하며 문민통제로 전쟁을 치른 것과 대조적이다. 따라서 이를 뒤집어 생각하면 히틀러의 좁은 안목과 통찰력을 짐작할 수 있게 한다. 군사력은 국력의 일부이지 전부는 아니라는 명제를 히틀러는 결코 이해하지 못했다는 말이다.

오늘날 우리는 나치 독일군을 '무적의 전차군단(독일 국가대표 축구팀 별명이기도 하다)' 신화 정도로 기억하곤 한다. 하지만 제아무리 독일군의 용맹함이 '일당백' 수준이라고 해도 천 배, 만 배의 전력으로 사방에서 쇄도하는 연합군의 공격을 막을 도리는 없었다.

따라서 1943년경이면 독일은 명예로운 항복을 고민해야 할 시점이었다. 하지만 오히려 히틀러와 나치 독일은 전쟁의 판세를 뒤엎을 '비장의 무기 개발'에 몰두한다.

180톤이 넘는 거대 전차 '마우스'(현용 미군 주력 전차 M1A2의 무게가 60톤 전후이니 얼마나 엄청난 크기인지 짐작할 수 있다), 무인 비행 폭탄 V1, 탄도로켓 V2, 세계 최초로 실전 투입된 제트 전투기 Me 262(당시는 프로펠러 비행기 시대였다), 로켓 전투기 코메트, 야간 전투용 적외선 라이트를 장착한 전차와 장갑차 등등.

1940년대의 상식을 훌쩍 뛰어넘는 개념을 지닌 무기개발에 나치 독일과 히틀러는 광적으로 집착했음을 알 수 있다. 독일의 이러한 행태를 두고 후세 사람들은 히틀러의 과대망상적인 매닉(manic)한 취향, 혹은 독일인 특유의 장인정신이나 기술에 대한 호기심과 탐구열 등이 이유가 아닐까 짐작한다.

그리고 또 다른 한편으론 어차피 물량으로는 끝난 전쟁이니까 로또복권 사는 심정으로 대박을 터뜨릴 무기를 찾을 수밖에 없었던 당시 독일의 처량한 신세를 들기도 한다. 즉 이런 저런 이유들로 신무기 개발 프로젝트는 불가피한 선택이 될 수밖에 없었다.

이 과정에서 진지한 필요성이 아닌 궁여지책의 산물인 나치 독일의 신무기들은 대부분 구상이나 개발단계에서 황당무계하거나 비현실적이라는 이유로 폐기되고 사장된다. 하지만 일부는 시제품이 만들어지기도 하고 실전투입까지 된 경우도 있었다. 실물이 만들어진 몇 안 되는 무기 중 앞서 언급한 초 메머드급 전차 마우스 (전차의 실체를 숨기기 위해 암호명을 '쥐'라고 붙였다고 한다)는 엄청난 덩치와 화력으로 유명한 존재이기도 하다.

T-35 전차의 실전 사진 - 격파되었다기보다 도랑에 빠져 방치된 듯 처량한 모습이다.

마우스는 당시 존재하는 어떤 전차도 한발에 파괴할 수 있는 위력을 자랑하는 전차포와 어떤 전차의 공격도 정면에서 막을 수 있는 강력한 장갑을 갖춘 '꿈의 전차'였다. 이러한 마우스 전차의 거대한 위용을 보고 아마도 히틀러는 이것만 있으면 전쟁의 판세를 뒤집을 수 있을 것이라고 흥분했을지도 모른다. 하지만 현실은 히틀러의 망상과는 전혀 다른 세상이었다.

70년이 지난 지금도 전차가 무기로서 전장에서 기동성을 발휘할 수 있는 한계는 60톤 정도이다. 하물며 당시의 기술로 180톤급의 전차를 효율적으로 운용한다? 한마디로 난센스였다. 쉽게 말해 마우스 전차는 자체의 무게도 견디지 못하는 애물단지에 불과했다. 히틀러에게 즐거움을 주는 훌륭한 장난감인지는 몰라도 전투 병기로서는 의미가 전혀 없는 물건이었다.

그래서인지 종전까지 마우스 전차는 단 두 대만이 만들어지고 실전 기록은 전혀 없는 상태로 소련군에게 노획되어 기념품이 된다. 지금도 쿠빙카 전차박물관에 실물이 있다.

마우스 개발 프로젝트에 얼마나 많은 인적, 물적 자원이 투입되었을까. 마우스 전차뿐만이 아니다. 전쟁 후기 나치 독일과 히틀러가 집착했던 신무기 개발 프로젝트에 그들이 쥐어짠 역량을 종합해 보면 전쟁 말기 바닥을 드러낸 그들의 전쟁수행 능력을 소진시키는데 무시 못 할 영향을 미쳤을 것이라 짐작할 수 있다.

다시 말해 전쟁의 판세를 뒤집어보고자 했던 그들의 노력이 오히려 독일의 완전 패망을 어느 정도 앞당기는 결과를 초래했다는 말이다.

2차 대전 독일군 측의 기록을 보면 언제나(그들이 승승장구했던 전쟁 초반 때조차도) 독일군은 보급 부족에 허덕였음을 알 수 있다. 침략군인 그들의 업보라고 치더라도 전쟁 종반 일선의 독일 군인들이 겪었을 고통은 상상을 초월했을 것이다.

그러나 후방의 히틀러와 그 이너서클 안에 있는 자들은 일선 군인들의 처절한 고통에 대해 모르쇠하면서 '기적의 신무기 개발'에 집착했고, 그것이 자신들을 구원해 주리라는 망상에서 죽을 때까지 벗어나지 못했다.

망하는 집은 여러 모로 공통점이 있다. 나치 독일의 막장은 제1 야당의 문재인 대표와 김상곤 혁신위와 묘하게 오버랩 된다. 김상곤 혁신위가 활동하던 시기 포털 뉴스 창을 보면 그들이 뭔가 하고 있다는 소식들이 심심찮게 쏟아져 나왔다. 이어 그러한 소식들이 빈사상태에 빠진 야권을 살릴 명약이라도 되는 양 문재인 대표가 앞장서서 거들고 나서는 모습도 보였다.

그러나 히틀러의 망상과 전쟁의 실상이 전혀 다른 세상이었던 것처럼, 그들의 망상이 만들어 낸 '혁신안'은 문재인이 아무리 호언장담을 쏟아내도 절대로 그들을 승리의 정당으로 만들어주지 못한다는 게 제1야당의 비극이자 블랙 코미디였다.

몇 번이나 업그레이드를 했는지도 종잡을 수 없이 여러 차례 발표된 '혁신안'. 하지만 내용이 무엇이든, 그들이 어떤 이벤트를 보여주든 상관없이 주기적으로 발표되는 각종 여론조사기관의 여론조사 수치를 보면 지지율은 부침을 반복하는 양상일 뿐, 여당을 압도하거나 위협하는 수준으로 치고 올라간 적은 한 번도 없었다.

반대로 혁신안이 업그레이드 될 때마다 당은 분란에 휩싸이며 계파전쟁의 불쏘시게 역할을 하며 언론의 조롱 섞인 찬사(?)를 받았다. 물론 야권의 주류인 친노는 혁신안을 보며 행복해 했을 지도 모르겠다. 마우스를 보며 흥분했던 히틀러처럼 말이다.

하지만 나치의 신무기가 진지한 필요성의 산물이 아닌 궁여지책의 결과물이었던 것처럼 혁신위가 여당을 무찌를 비장의 신무기는 될 수 없었다. 이 혁신안이 그것을 통해 문재인 대표 체제가 안정되고 반발하는 당내 비주류들을 옥죌 무기가 될 수는 있겠지만 적을 물리칠 무기로서의 가치는 전혀 없었다는 말이다. 앞서 히틀러가 마우스 전차를 보고 마음의 안정이라도 찾은 것처럼 문재인 대표에게 당권을 지키게 해 준 정도에 지나지 않는다는 뜻이다.

게다가 야당을 밖에서 바라보면 혁신위의 혁신안은 만인에 의한 만인의 투쟁을 위한 훌륭한 기폭제 역할을 하는 것으로만 보였다.

때문에 그나마 연민의 정으로 야당을 지켜보던 지지자들에게 역겨움과 혐오를 부추겨 등을 돌리게 만들었다. 막대한 자원과 개발비를 탕진하고 전장으로 가기도 전에 진흙탕에 빠져 허우적거리는 '마우스 전차'와 같은 신세가 바로 혁신안이라고 해도 과언이 아니었다.

2차 대전 종전 후 패전국 독일이 남긴 아이러니는 현대전 무기 체계에 상당한 발전을 가져오는 기여를 했다는데 있다. V1 로켓은 오늘날 크루즈 미사일의 직계조상이며, V2 로켓은 북한이 목숨 걸고 개발하고자 하는 대륙 간 탄도 미사일의 아브라함 격이다.

이런 관점에서 보면 2015년 제1야당 혁신위가 발표했던 혁신안들이 미래의 정당정치 발전의 모델이 될 수 있을지 모른다. 하지만 당시 독일의 치명적인 문제는 그들이 어떤 무기 체계를 고민하고 개발하느냐 마느냐의 수준에 있지 않았다. 독일이 진창에서 나오는 길은 전쟁에서 하루라도 빨리 발을 빼는 일이었다.

2015년 제1야당의 당면 과제는 정치발전을 위한 혁신안을 구상하고 내놓는 일이 아니었다. 야당의 치명적인 문제는 흩어진 지지층을 어찌 해야 하나로 묶을 수 있는가에 있었다. 이 지지층이라도 묶어내야 상대 진영의 약점을 공략하여 진지를 허물 수 있기 때문이었다. 그러나 혁신위의 혁신안은 지지층을 묶는 것이 아니라 더 흩어지게 했다. 그리고 그 혁신안이 빌미가 되어 끝내는 집단 탈당을 불러 와 당을 가르고 해체수준까지 몰아갔다.

2003년 노무현 대통령이 정당 개혁, 지역주의 타파라는 명분을 내걸고 창당한 열린우리당이 결과적으로 지지층을 흩어지게 하여 지금까지 분열하게 만든 것과 마찬가지로 이들은 '개혁, 혁신'이란 명분으로 지지층을 흩어지게 했다. 그러면서도 그들은 그게 옳다고 주장한다. 당권이든 대권이든 권력을 쥔 권력자가 상대적으로 도덕적 우월감에 취해 자신의 잣대로 조직을 만들면 당연히 조직의 세력은 줄어드는데 이들은 그 길을 간다.

정당에서 세력이 줄어드는 것은 곧 지지층 분열을 가져온다. 그러면 결국 정당의 최대 목표인 선거에서의 승리를 불가능하게 만든다. 따라서 당의 체질개선을 위한 마이너스는 선거가 목전에 있을 때는 되도록 하지 않는 것이 불문율이다. 그런데 2015년 제1야당은 2016년 4월 총선으로 가는 길목에서 '혁신안'이란 마이너스를 통해 지지층의 분열을 불러왔다. 당연히 이 정당의 또 다른 한 축은 이처럼 당의 분열을 꾀하는 문재인 대표와 당 주류의 퇴장을 위한 작전을 모색할 수밖에 없다. 그래서 분당의 수순으로 간 것이다.

2015년 8월 8일 당시 제1야당 새정치민주연합 이종걸 원내대표는 광주에서 박지원 의원 등 반 문재인파 15명과 회동을 가졌다. 이들의 회동을 취재한 기자들의 보도와 여타 주변 소식들을 종합하면 이들은 '신당창당'까지 언급하며, 문재인 대표 퇴진을 압박하기로 한 것으로 전해졌다. 이유는 '문재인이 대표로 있는 한 총선을 이길 수 없으므로 그를 퇴진시킨 뒤 비상대책위를 만들어서 재야 야권과 합치는 신당으로 몸집 키우기 정계개편을 시도한다는 계획'이었다. 그러나 결론부터 말하면 그들의 거사는 실패했다. 그들이 '혁신위의 혁신안이 나오는 9월까지 기다린다.'고 했을 때 그들에게 기회는 사라졌다.

이는 그들의 거사계획 자체가 당을 회생시키고 여당에 대항하여 정권을 교체하기 위한 거당적 거사가 아니라 '문재인파 몰아내고 당권을 빼앗아서 그 당권으로 자기들 밥그릇 채우기'였기 때문이었다. 즉 '거사'라는 것이 정치발전을 통한 야권 집권의 터 닦기라기보다 호남을 볼모로 한 자기들 정치 철밥통 지키기라는 것을 공표한 꼴만 돼서 오히려 회동하지 않음만 못하게 되었다. 그 결과 '문재인으로 왜 안 되는가?'라는 반격에도 그들은 대답할 말이 없게 되었다. 결국 그들의 '육전거사모의'는 문재인에게 기사회생의 기회를 준 셈이 되고 만다. 그 끝이 결국은 분당이며 분당은 야권을 더 나쁜 상황으로 몰았다.

1944년 6월. 연합군이 노르망디에 상륙하면서 독일은 동서 양측에서 협공을 당하는 처지가 된다. 판세를 읽을 수 있는 독일 전략가들이 노르망디 상륙 의미를 모를 리 없었다. 연합군 상륙 한 달 뒤인 1944년 7월. 일부 독일 군인들 중 판세를 제대로 읽은 전략가들은 마우스 전차를 만지며 노는 수준이 아닌, 문제의 근본 해결을 위한 방법을 선택한다.

바로 영화 '발키리'의 소재이기도 한 히틀러 암살기도 사건이다. 그러나 결론부터 말하면 그들은 거사에 실패했다. 이 실패는 히틀러에게는 기사회생의 기회였겠지만, 독일이라는 나라와 전쟁에 신음하던 유럽대륙에게는 전쟁을 조기에 종결하고 100만 명 가까운 사람의 목숨(1944년 7월부터 이듬해 종전까지 죽어야 했던 사람의 숫자이다)을 구할 수 있는 마지막 기회가 사라진 것을 의미했다.

히틀러는 독일 패망의 가장 커다란 원인인 자기 자신의 존재는 거들떠보지도 않고 최후의 순간까지 기적의 신무기 개발이라는 공허한 메아리에 광란의 춤추기를 멈추지 않았다. 그리고 자신뿐 아니라 독일이라는 나라를 송두리째 파멸시켰다.

2015년 제1야당 대표였던 문재인은 모두가 이야기하는 야권 패배의 가장 큰 원인인 자기 자신의 존재는 망각하고 최후의 순간까지 김상곤을 붙들고 혁신위의 혁신안이 야권을 살리고 정권을 탈환할 것이라는 몽환에 붙잡혀 있었다. 그런데 이런 당 대표의 퇴진이 당의 회생 프로그램이라는 인사들의 목적이 야당의 전체적 회생 프로그램을 갖고 한 것이 아니라 자신들이 당권을 잡아서 자신들 원하는 데로 공천을 확약 받는 수준의 거사였으니 실패하지 않은 것이 이상했다.

이처럼 2015년 제1야당은 혁신안이 문제가 되어 분열과 분란이 끊이지 않았다. 그러나 문 대표와 당 주류는 그 혁신안에 담긴 명분이 옳다며 이를 금과옥조로 여기더니 끝내 당을 동강냈다. 그리고 당사자도 아니면서 이를 곁에서 부추기는 사람들은 이 같은 현실에 도래했음에도 문재인이 옳다만 주장했다. 그러나 결국 이들은 자신만이 아니라 야권을 송두리째 붕괴시켜 재건의 힘도 남아나지 못하게 했다.

2015년 야권을 밖에서 봤을 때 그 정당에 마우스 전차 같은 환상과 기적의 무기는 필요 없어 보였다. 그 같은 무기가 필요한 것이 아니라 가진 무기의 성능을 제대로 발휘하게 하는 지도력이 필요해 보였다. 정당은 국민의 지지를 먹고 사는 주체이므로 그 지지를 회복하기 위해선 무기를 개발하는 것이 아니라 있는 무기를 더 잘 사용해야 했기 때문이다.

지금 야당이 도무지 반전의 계기를 잡지 못하는 이유는 무기의 열악함에 있지 않다. 야권이 지리멸렬한 오합지졸의 군대로 전락한 가장 큰 이유로는 전쟁을 지휘하는 지휘관의 무능, 지휘관을 보좌하는 보좌진의 무능, 그리고 그 지휘관의 지휘가 옳다고 따르는 모르모트 같은 병사들 등을 들 수 있다.

결국 답은 하나다. 지휘관과 보좌관 병사들까지 다 바꾸는 부대 교체다. 그래서 허점투성이의 적을 일거에 제압할 수 있어야 한다. 소총을 원숭이에게 쥐어주면 몽둥이로도 쓰지 못한다. 소총이 제

위력을 발휘하려면 훈련된 정예 병사가 필요하다. 이런 정예 병사를 지휘할 유능한 지휘관이 있는 군대가 필요하다. 그래야 전쟁에서 이긴다.

제 4 장

누가 적인가

1. 그런데, 누가 적이지?
레마겐 철교 전투와 모스크바 전투

2차 대전 막바지인 1945년 3월. 연합군이 라인강을 향해 쇄도하자 독일군 지휘부는 라인강의 모든 교량을 폭파하라는 명령을 내린다.

레마겐에서 라인강을 건너는 철교도 폭파 대상이었다. 그러나 아직 상당수의 독일군이 라인강 서쪽에서 철수를 완료하지 못하고 있는 절체절명의 상황. 결국 상부의 명령은 라인강 서쪽의 아군을 포기한다는 의미였다.

최전선 독일군 장교들은 이 명령을 그대로 받아들일 수 없었다. 그래서 당장 철교를 폭파하는 대신, 아군이 철수를 완료할 때까지 지키기로 한다. 그러면서 독일군은 강 서쪽에서 철수하는 아군을 기다리며 필사적으로 저항한다. 하지만 막강한 화력과 월등히 우세한 병력으로 밀어붙이는 미군의 공격을 당할 수 없었다.

1969년 영화 '레마겐의 철교(The Bridge At Remagen)'의 한 장면이다. 영화에서 결국 철교는 함락 직전의 상황에 이른다.

더 버틸 수 없다 판단한 독일군 수비대 지휘관 크뢰거 소령은 그때서야 철교의 폭파 명령을 내린다. 철교 아래엔 사전 계획대로 다이너마이트가 설치된 상태. 명령에 따라 부하가 폭파 버튼을 눌렀다.

함락 직전 다리 위는 미군 천지였다. 다리는 일순간 폭연에 휩쓸려 눈에 보이지 않게 되었다. 폭파는 성공하고 수많은 미군은 물속으로 사라졌을까? 아니다. 연기가 걷히고 난 후 다시 모습을 드러낸 다리는 난간 몇 군데만 떨어져 나갔을 뿐, 거의 본 모습 그대로였다.

폭파에도 불구하고 왜 다리는 날아가 버리지 않았을까? 설치한 폭약이 불량품이었던 때문이다. 전쟁 막바지, 갈 때까지 간 독일군 군수품 생산 공장은 공병용 다이너마이트 품질 관리도 엉망이던 것이다. 폭약마저 제구실을 못하는 상황. 독일로서는 이미 이길 수 없는 전쟁이었다는 말이다.

독소전 개전 당시, 소련군은 병력과 전차, 비행기, 야포 보유 숫자 등 외적 규모에서 독일군을 압도했다. 하지만 소련군은 개전과 동시에 독일 전격전의 제물이었던 폴란드군이나 서유럽의 영불 연합군보다 급속도로 붕괴하고 독일군은 무인지경으로 소련 영토를 유린한다.

소련군의 붕괴 원인은 여러 가지가 있지만 핵심은 스탈린의 적군(赤軍) 내 반동분자 숙청에 있었다. 레닌의 뒤를 이어 집권한 스탈린은 히틀러를 능가하는 잔인한 독재자였다. 무력은 독재자를 지켜주는 최고의 방패. 스탈린에게 필요한 소련군은 잘 싸우는 군대가 아니었다. 공산당 이념에 맹종하는 군대, 자신에게 맹종하는 군대였다.

군대를 '정권의 경비견'으로 개조하기 위해 스탈린은 당성 불량, 반혁명분자라는 이유로 경험 많은 군 간부들을 대거 숙청한다. 그리고 군인으로서의 능력은 전혀 고려하지 않고 공산당 이념에 충실한 정치 군인들로 군 간부진을 물갈이 한다.

그 결과 소련군은 어제까지 소대장이던 초급장교가 갑자기 연대장, 사단장으로 승진하고 분대 지휘 경험도 없는 졸병이 소대장 보직에 임명되는 군대로 전락한다. 이런 군대가 전쟁을 제대로 치를 수는 없었다.

반면 침공하는 독일군은 이미 두 번의 전격전으로 서유럽을 석권한 사기충천, 자신만만한 군대였다. 소련군은 그들의 적수가 될 수 없었다. 마오쩌둥의 16자 전법을 따른다면 소련군은 적진아퇴(敵陣我退) 즉, 강력하게 밀고 들어오는 적을 피하면서 전열을 정비하고 반격방법을 모색해야 할 상황이었다.

그러나 독재자의 아집은 전혀 반대의 반응을 보인다. 스탈린은 무조건 현지 사수 명령을 내렸다. 피바람 나는 숙청으로 항명은 곧 죽음이라는 사실을 체득한 소련군 장교들은 스탈린의 명령에 절대복종한다. 그리고 차례차례 독일군에게 포위되어 전멸한다.

독소전 초기 히틀러의 행운은 독일군의 유능함에 더해 이토록 한심한 소련군 내부 사정에 연유한 바 컸다. 하지만 아집과 독선으로 뭉쳐진 독재자라는 점에서는 스탈린과 쌍벽을 이루는 독일의 히틀러 역시 독소전 초기에 거머쥔 황금 같은 찬스를 허무하게 날려버리게 된다.

소련을 침공한 독일의 전략 목표는 크게 두 가지였다. 첫 번째는 적의 중심부인 모스크바 점령이고 두 번째는 남부 코카서스 지방의 유전지대였다. 그런데 파죽지세로 소련 땅을 유린하던 독일군은 소련의 영토가 상상 이상으로 광대하다는 사실을 깨닫게 된다.

모스크바 함락은 적의 중추신경을 궤멸시키는 전략적 효과가 있었다. 반면 유전지대 장악은 전쟁 수행에 절대적으로 필요한 전략물자인 석유 확보라는 실리를 취할 수 있었다. 독일군부는 소련 침공을 계획하면서 자신들의 전력으로 두 가지 목표 모두를 달성할 수 있으리라 판단했다. 하지만 이는 오판이었다.

누구나 일을 도모함에 있어 계획을 세운다. 하지만 대부분의 일들이 계획한 것처럼 진행되진 않는다. 그래서 우리는 흔히 'plan B' 라는 말을 즐겨 쓴다. 개인의 역량은 만사형통으로 일이 진행될 때보다 계획이 틀어졌을 때 위기관리 능력에서 빛을 발하는 경우가 많다.

1941년 여름과 겨울 사이 독일군은 최고의 전성기를 맞이했었다. 그러나 이는 곧 위기의 시작이기도 했다. 독일의 전력으로 소련 전 국토를 점령할 수 없음이 드러났다면 최고 지휘관 히틀러는 전략 목표를 모스크바와 코카서스 둘 중 하나로 특정하여 그한 곳에 전력을 집중토록 작전을 수정했어야 옳았다.

그러나 독소전 초반 자신도 믿기 어려운 엄청난 승리에 도취된 히틀러는 현실을 무시하고 싹쓸이 작전을 그대로 밀어붙인다. 그에게는 plan B라는 개념이 없었던 것이다. 독일군은 허수아비 같은 소련군을 상대로 하루하루 엄청난 전과를 거두었지만 거시전략 관점에서 보면 독일군은 바다처럼 드넓은 소련 국토 안에서 이리저리 좌충우돌 할 뿐이었다.

1941년 겨울. 금쪽같은 시간을 낭비한 독일군은 비로소 모스크바 인근에 도달한다. 그러나 그 순간부터 운명의 신은 히틀러가 아닌 스탈린 편에 선다. 150년 전 나폴레옹의 침공으로부터 러시아를 구원했던 수호신 동장군(冬將軍)이 이번에도 어김없이 침략군을 응징해 주었던 것이다.

세 번의 전격전을 거치면서 전쟁의 귀재로 성장한 독일 야전군 지휘관들은 곧바로 진격을 정지하고 후퇴하여 전열을 정비할 타이밍이라는 사실을 직감했다. 독일군은 동계전투 준비가 전혀 안되어 있었고 1941년 겨울은 사상 최악의 혹한이었다. 게다가 초기 패배의 충격에서 어느 정도 정신을 차린 소련군은 수도마저 함락되면 끝장이라는 비장한 각오로 저항의 강도를 점점 높여가는 중이었다.

최전선 독일군 지휘부는 히틀러에게 철수를 건의한다. 하지만 이번에는 히틀러의 아집과 독선이 전쟁을 잡아먹기 시작했다. 히틀러는 철수 불가, 무조건 현지 사수 명령을 내렸고, 그 명령을 따른다면 러시아의 겨울 속에서 얼어 죽든가 소련군에게 맞아 죽든가 둘 중 하나였다.

숙청 덕분에 맹종이 본능이 된 소련군 장교들과 달리 독일군 장교들은 히틀러의 명령을 무시하고 철수를 단행한다. 격노한 히틀러는 독일군 전성기의 눈부신 승리의 주역이었던 기라성 같은 장성들을 해임하는 것으로 대답한다. 전쟁은 그 이후로도 4년 가까이 더 이어지지만 1941년 겨울은 독일군 전성기의 마지막 순간이 된다.

독소전이 개시된 1941년 스탈린과 히틀러는 최고 지도자로서 해서는 안 되는 일들의 전형들을 보여주었다. 스탈린은 국방의 고유한 기능을 도외시한 채, 군대를 '호국의 간성'이 아닌 '정권의 경비견'으로 길들이는 작업에 집착했다. 다른 때도 아닌 히틀러의 침략 야욕이 불타오르는 시기에 말이다.

그리고 침략을 위해 최적화된 독일군이 망가질 때로 망가진 자신의 군대를 공격했을 때 스탈린은 정권의 경비견이 침략군을 상대할 수 없다는 현실을 이해하지 못했다. 그래서 무조건 사수 명령으로 고귀한 인명의 살상을 초래했다.

히틀러 또한 마찬가지였다. 그는 전술적 승리와 전략 목표 달성의 차이를 이해하지 못했다. 그리고 위기는 최고의 전성기에 찾아온다는 세상사의 이치 또한 모르쇠 했다. 무엇보다 히틀러에겐 의도한 계획이 틀어지는 순간 이를 적절하게 수정하여 새로운 목표를 설정할 수 있는 사고의 유연성 자체가 없었다.

1941년 겨울 독일 야전군 지휘관들은 후퇴하지 않을 경우 나폴레옹의 군대처럼 자신들이 궤멸될 것이라 판단했다. 그래서 철수를 건의했다. 이는 현장을 가장 잘 아는 최고 전문가들의 결론이었다. 그러나 나만이 최선이요, 나에게 오류란 있을 수 없다는 히틀러의 아집과 독선은 전문가의 충고 대신 그저 자신의 귀를 즐겁게 해주는 아첨꾼들의 감언이설에 전쟁을 맡기는 결과를 가져왔을 뿐이다.

박근혜 정부의 역사교과서 국정화 정책은 어떤 의미에서든 그들에겐 패착이다. 역사학자 90퍼센트가 반대하고 국민의 60퍼센트가 반대하는 상황은 그들도 안다. 그러함에도 박근혜 정권과 집권 새누리당은 이 정책에서 후퇴할 기미가 없다. 만약 저들이 이 정책을 계속 추진함으로서 정권을 빼앗길 위험성을 느끼고 있다면 그럴까? 절대로 아니다. 만약 그렇다면 조중동이 결단코 반대할 것이다. 이점이 히틀러가 처한 상황과 다르다. 그래서 과욕이라고 할 수 없다. 저들은 정권을 빼앗기지 않을 자신이 있다. 그것은 정권을 빼앗을 수 있는 적이 없다고 자신함이다.

소련에겐 자연조건과 미국이란 자원이 남아 있었지만 현재의 야권은 있는 자원도 떠나가고 있다. '호남'이란 강대한 지원군은 이제 제1야당의 지원군이 아니다. 그럼에도 지금 문재인이 이끄는 제1야당은 무기라는 게 이미 10여년을 써먹은 '저들은 나쁘다. 나쁜 놈을 몰아내려면 우리를 밀어야 한다' 딱 하나다. 예전 지원군들이 '당신이 더 나빠'라고 말하지만 그 말이 진심이 아닐 것으로 믿고 있다.

집권 새누리당? 역사교과서 국정화 정국에서 보이듯이 저들은 국민전체가 아니라 자기들의 이익을 위해 복무한다. 역사의 진전, 사회의 민주화, 경제민주화를 통한 복지정책 강화는 저들의 목표가 아니다. 저들은 가진 자의 옹골진 보존을 통한 정치 경제 사회 전 권력의 자파 영구화를 추구한다. 따라서 야권은 그들에게 권력을 다시 찾아오는 것이 지상과제라고 할 수 있다. 그러나 그게 절실한 지상과제라면 과제완수를 위해 제대로 된 무기로 무장을 해야 된다. 그런데 지금 저들에 대항하는 2016년 야권의 총선 전략은 무엇인가. 그리고 2017년 야권의 대선 전략은 무엇인가. 정치판 읽는 눈이 조금이라도 있는 사람이라면 질문의 답은 쉽게 나올 것이다.

지난 10년 동안 현재의 제1야당은 일방적으로 여당에게 당해만 왔다. 도대체 이유가 무엇일까. 스탈린과 히틀러가 주연인 초기 독소전의 양상을 생각하면 답이 쉽게 나온다. 무능의 스탈린 군대, 그러한 적의 실책으로 승기를 잡고도 결정적인 승리를 이끌어내지 못했던 히틀러 군대가 현재의 여야를 보는데 가장 정확한 기준이 아닌가 한다.

무능한 대통령과 부패한 집권당이지만 그들에게는 보수 기득권이라는 막대한 자원이 배경에 자리 잡고 있다. 한마디로 광활한 국토와 인구를 자랑하는 구 소련연방 같은 존재가 바로 현 집권

진영인 보수 기득권자들과 그 지지층이다.

따라서 이들의 정치 전략은 자신들의 장점이 발휘되는 소모전, 지구전의 양상을 선호할 수밖에 없다. 사회 갈등과 정치적 이슈가 등장할 때마다 종북 몰이, 세대 갈등을 부추기며 편 가르기로 프레임을 형성하고 진영논리로 그 어떤 건설적이고 합리적인 토론이 불가능한 분위기를 만들어 버린다. 그렇게 시간을 끌며 에너지를 낭비하다 보면 결국 모두 제풀에 지쳐 상황은 흐지부지 되어 버린다.

이에 맞서는 야권은 무능한 대통령과 집권당의 실책이 나올 때마다 승기를 잡는 듯하다. 세월호 정국이나 메르스 정국, 교과서 정국을 이 범주 안에 넣을 수 있다. 특히 4대강 사업의 비리, 방위산업 비리, 자원외교 비리, 성완종 자살로 인한 리스트 존재, 비선 실세의 권력농단 구설수... 박근혜 집권 후 줄곧 이 정권은 야당에게 심장부를 내줄 수 있는 실책을 했다. 이럴 때 공세의 고삐를 쥐었으면 독일의 전격전과 비견될 속전속결 속도전으로 나가야 했음이 당연하다. 이슈를 선점하고 그 이슈에 대한 해결책을 신속하게 제시하고, 적이 대응하기 전에 재빨리 다른 목표를 타격하는 신출귀몰(神出鬼沒), 성동격서(聲東擊西)의 전술로 부단하게 적을 타격하며 적의 방어력에 치명적 타격을 가했어야 한다.

그런데 야권의 주류 세력을 자처하는 문재인과 친노 정파가 이끄는 제1야당이 선택한 정치 전략 전술은 공격인 것 같은데 어느새 수비로 돌아서 있는 알 수 없는 전쟁으로 일관했다. 그리고 이에 대해 비판하면 그들의 메시지는 "숫자가 부족하다. 언론의 지원이 부족하다. 우리도 여권처럼 풍부한 자원과 강한 힘을 가진 언론의 지원이 있으면 무조건 이길 수 있다."로 요약될 수 있다.

이는 상대방이 생각 못한 전략 전술로 목표를 전격적으로 타격하면서 적의 방어망을 뚫을 전략이 아니라 힘이 부족하니 상대방처럼 풍부한 물량부터 확보해서 상대방을 압도하겠다는 생각이다.

그러나 집권 여당이 물처럼 쓰고 있는 막대한 물량은 하늘에서 거저 떨어진 것은 아니다. 그들도 권력을 잃은 10년 간 와신상담 전력을 비축하고 전술을 공부하면서 세력을 키운 것이다. 그런데 친노는 그 막대한 물량이 자신들의 정치투쟁에 있어 첫 번째로 필요한 요소라 믿지만 그것을 획득할 노력조차 없다. 반대로 있는 자원 내치는데 바쁘다. 그러면서도 '저들은 나쁘고 우리는 좋으니까 나쁜 저들을 지원하면 당신도 나쁘다' 모드로 10년을 버티고 있다. 이 필승 전략은 10년간 변함없이 그들의 금과옥조다.

안철수가 탈당했다. 안철수의 탈당 이전 이미 천정배와 정동영이 탈당했다. 친노들은 분열과 기회주의의 전형이라 비난의 화살을 퍼부어 대지만 제1야당이라는 야권 최고의 기득권을 포기한 그들의 메시지는 일관되고 명료하다.

"문재인과 그 계파가 이끄는 당으로는 절대로 정권탈환이 불가능하다."

이들은 1941년 독일 야전군 최일선 지휘관 같은 존재다. 그런 그들이 문재인과 그 일파가 이끄는 야당에게 미래가 없다고 단정한다. 이는 한마디로 1941년 후퇴만이 유일한 해결책이라는 독일 장군들의 의견과도 같다. 현장을 가장 잘 아는 전문가들도 같은 의견이다.

그러나 친노와 문재인의 반응은 지난 10년 동안 한 번도 변하지 않았다. 야권은 오로지 자신들을 중심으로 단결해야만 한다는 도그마에서 벗어날 생각을 전혀 하지 않는다. 무조건 현지 사수만을 외치면서 수많은 병사를 희생한 히틀러의 아집과 독선을 우리는 친노와 문재인에게서 찾아볼 수 있다.

때문에 친노 정파와 문재인은 결국 안철수, 천정배, 정동영을 포용해내지 못했다. 이는 현장 전문가의 의견이 자신의 경직된 사고와 판단을 거스른다며 전쟁의 주역이 되어야 할 그들을 모두 내쳐버린 히틀러와 아집과 독선을 그대로 연상케 한다.

알토란같은 인재 대신 아첨꾼이 요직을 차지한 히틀러의 독일군은 이제 히틀러의 의지대로만 움직이는 로봇 같은 군대로 바뀌면서 1941년 이후 패배를 거듭한다. 반면, 1941년의 악몽에서 기사회생한 스탈린은 이후 군에 대한 정치적인 참견을 최대한 자제하고 능력이 출중한 군인들을 대거 발탁하고 복귀시킨다.

1941년 여름과 겨울, 똑같이 실패를 경험했지만 스탈린은 자신의 방식을 바꾸었고, 히틀러는 그렇지 않았다. 이 역시 1997년과 2002년의 패배를 통해 이기는 정당으로의 변신에 성공한 새누리와 여전히 2002년 승리의 단꿈에 취해 10년간 똑같은 방식으로 똑같은 패배를 반복하며 패배에 최적화된 친노 패권 정당으로 전락한 제1야당과 묘하게 대비되는 광경이다.

1945년 독일군은 소련뿐 아니라 서쪽의 미영 연합군에게도 협공을 받으며 점령지를 다 상실하고 본토까지 쫓겨 가는 처지가 된다. 최전선 독일 군인들은 조국에 대한 막연한 애국심과 자신들 영토까지 밀고 들어온 외국군을 몰아내기 위해 투지를 잃지 않고 싸움을 이어갔지만 공병용 다이너마이트조차 제대로 만들 수 없는 지경이 된 독일군에게 이제 희망은 없었다.

최전선 군인들은 전쟁을 지배하는 정치가 어떻게 돌아가는지 알 도리가 없다. 그저 묵묵히 자신의 위치에서 최선을 다해 싸울 뿐이다. 하지만 신명을 다해 싸우는 독일군은 히틀러라는 인물에 의해 이미 역사에 씻을 수 없는 죄악을 저지른 침략군이 되었으며, 새로운 전략과 명민한 지휘자들 덕분에 승승장구 영광을 누리던 기억도 온데간데없이 아집과 독선으로 범벅 된 채, 독일 국민 모두가 죽더라도 총통 지위만은 절대 내놓을 수 없다는 히틀러의 광기 어린 명령에 휘둘리며 싸움을 이어가야 했다.

야권을 지지하는 수많은 민초들의 무구한 바람 또한 1945년의 독일군 처지와 별반 다르지 않아 보인다. 선거 때만 되면 야권 통합이니 1대 1 구도니 따위 정치 레토릭에 휘둘려 기계적으로 야권에서 기득권을 차지한 친노 정파의 정당에 표를 몰아주지만 그들의 무구한 바람은 결국 정권 탈환이라는 절체절명의 목표가 아닌 친노의 야권 내 패권 장악이라는 결과로 이어질 뿐이었다.

패권을 움켜쥔 친노가 현 집권당을 화끈하게 무너뜨려준다면 그들의 패권 장악 또한 충분히 용인될 수 있을 지도 모른다. 하지만 지난 10년 세월을 반추해 보면 알 수 있듯 친노 정파가 이끈 정당은 패배에 최적화된 정당으로 전락한 지 오래이다. 그럼에도 불구하고 친노 세력과 문재인은 야권 전체가 파멸하여도 절대로 그들의 패권을 포기할 생각이 없어 보인다. 히틀러처럼 말이다.

크뢰거 소령은 충분한 지원만 있다면 아군 철수시점까지 철교를 지켜낼 수 있다고 믿었다. 지킬 수 있는 철교를 조기에 폭파하여 강 너머 아군을 포기한다면 그것은 전우애의 차원을 넘어 하루하루 고갈되어가는 아군의 전력에도 치명타가 될 것이다. 그래서 크뢰거는 상부의 명령을 따르지 않고 다리를 지키는 쪽에 무운(武運)을 걸었다.

하지만 크뢰거는 약속된 지원을 전혀 받지 못했다. 아니, 처음부터 명령대로 철교를 폭파했어도 불량품 다이너마이트는 철교를 무너뜨릴 수 없었다. 결국 크뢰거가 할 수 있는 일은 아무것도 없었던 셈이다. 군인으로서 본분에 최대한 충실하려 했던 크뢰거는 잘못된 조국의 잘못된 지도자가 무모하고 어리석게 치른 전쟁의 가련한 희생자에 불과했던 셈이다.

지난 총선, 친노 세력은 야권 연대와 지역구도 타파를 명분으로 야권의 우수한 인재들을 대거 야권 볼모 지역에 출마시킨다. 그러면서 노른자위 지역구는 야권연대 파트인 통진당과 친노 세력이 독점하는 상황이 벌어진다. 외연 확대가 필요하여 중진들을 볼모지에 내모는 것까지는 이해할 수 있다고 치자, 하지만 선거 지휘부는 김용민 막말 파문과 야권후보 단일화 경선에서 역겨운 추태를 연출하며 이명박 심판으로 달아오른 선거 분위기를 순식간에 반전시켜 버렸다. 최전선에서는 피바람 부는 전투를 치르는데 후방에서는 제대로 된 지원은커녕, 불량품 다이너마이트를 보낸 것과 전혀 다르지 않은 상황이었다는 말이다.

다시 레마겐 철교다. 레마겐 철교에 장착된 다이너마이트는 불량품이었다. 그러나 이를 설치하도록 지시한 크뢰거 소령도 그 휘하 부대원도 설치된 폭파용 폭약이 불량품이란 걸 알지 못했다. 그런데 누가 단죄를 당하는가? 크뢰거다. 패배의 짐은 고스란히 최 일선에서 싸운 장수들에게 전가되었다. 친노 세력은 언제나처럼 책임에서 열외였던 것처럼...

불량품 폭약으로 다리 폭파가 불가능한 최악의 상황에 이르자 크뢰거 소령은 마침내 사령부로 직접 찾아가 지원 병력을 요청하며 이 황당한 상황을 설명하려고 한다. 그러나 이미 그와 다리 사수를 모의했던 상관은 항명죄로 군법회의에 회부되었고 소령

역시 항명죄로 연행되고 만다. 그리고 크뢰거 역시 명령을 어기고 레마겐 철교를 미군에게 내주었다는 죄명으로 군법회의에 의해 총살형을 언도받는다.

이 재판에서 총살형을 언도 받은 크뢰거, 형을 집행하기 직전, 마지막 담배를 피우다가 상공을 비행하는 비행기를 보며 크뢰거 소령은 집행관에게 묻는다. '적기인가, 아군기인가?' 집행관은 대답한다. '적 항공기요' 소령은 담배 연기를 길게 내뿜으며 나지막하게 반문한다.

"… 그런데, 도대체 누가 적이지?"

지금 야권에 누가 적인가? 10년 전의 전략과 전술에서 단 한 치도 바뀌지 않은데다 무기는 퀴퀴묵은 재래식이면서도 줄창 모여서 앞으로 진격만 외치는 지휘관과 군대가 전쟁에 이길 수 있는가? 적이 다 아는 전술을 고집하는 장수가 진정한 장수인가? 이런 장수와 군대로는 이길 수 없다. 이기고 싶으면 이제 장수도 군대도 전략도 전술도 다 바뀌어야 한다. 그것이 레마겐 철교의 전투가 남긴 교훈이다.

2. 누가 전차를 몰고 있는가?
미군의 에이브람스, 이라크군의 에이브람스

2003년 3월 20일 시작되어 2011년 12월 15일 종전된 이라크 전 당시 이라크 저항세력이 가장 두려워했던 무기 중 하나가 미군의 에이브람스 전차다. 이 전차는 강력한 화력 뿐 아니라 저항세력의 주력 대전차 무기인 RPG-7 대전차 로켓도 '몸빵'으로 막아내는 방어력을 자랑하며, 사막 환경에서도 거침없는 기동력을 발휘했기 때문이다.

미군 주력 전차인 에이브람스는 치고 빠지기 게릴라 전술을 구사하는 이라크 저항 세력에게 감당하기 힘든 강적으로 군림했었다. 2011년 철수하는 미군은 신생 이라크 정부군에게 이 에이브람스 전차를 대량으로 공여하고 떠났다.

그런데 이 전차가 미군 마크를 달고 싸웠을 때는 '공포의 제왕'이었으나 정작 이라크군을 새 주인으로 맞이하자 천덕꾸러기 비슷한 신세로 전락한다. 이라크 저항 세력들은 두려움 없이 이 전차를 사냥하기 시작했다. 똑같은 전차임에도 운용 주체가 바뀌자마자 전장에서 하늘과 땅만큼의 능력 차이를 보이게 된 것이다.

왜? 이유는 간단했다. 장비를 운용하는 실력의 차이, 그거 하나였다. 에이브람스는 미군의 무기였다. 미군은 에이브람스가 언제나 최고의 가동률과 최상의 전투력을 구사할 수 있도록 정비부대가 완벽한 지원을 했다. 전차 승무원들은 분신처럼 이 전차를 움직일 수 있도록 훈련받았다.

보병 없이 고립된 전차는 적 보병의 근접공격에 지극히 취약하므로 보전합동전술이 상당히 중요한데, 미군은 보전합동작전에서 실전 노하우가 엄청나게 축적된 군대였다. 결국 전차와 운용주체가 한 몸과도 같았다는 것이다.

하지만 이라크군이 보기에 에이브람스는 거저 굴러 들어온 무기였다. 정비 인력도 부족했고 정비병의 기술 숙련도 또한 높지 않았다. 게다가 남의 물건이니 무기에 대한 애착도 별로 없었다. 이는 당연히 정비 불량으로 이어진다.

정비 불량은 전장에서 가동률 저하로 이어진다. 그러나 전장의 현장조치는 더욱 미흡했다. 전투 중 고장에 대한 응급처치 능력도 신통치 않다. 물론 이 모든 악조건 속에서도 전차병들이 전차에 애착을 가지고만 있다면 무슨 수를 쓰더라도 전차를 굴러가게 하고 싸울 수 있도록 만들려 애썼을 것이다. 하지만 이라크 군은 '양키들 뭐 이따위 탱크를 우리에게 준거야?'라고 투덜거리며 고장 나면 그냥 버리는 쪽을 선택했다.

그나마 멀쩡한 전차도 한심한 상황이긴 마찬가지였다. 전차병의 훈련 수준이 낮으니 적 공격에 직면하면 전차 스스로를 지키는데도 쩔쩔매는 지경이 된다. 그런 와중에 보병을 엄호하는 유기적인 전술을 구사한다는 것은 어불성설이었다. 보병은 전차가 자신들을 엄호하기는커녕 나 혼자 살자고 허둥대는 모습에 황당해 질 수밖에 없다. 그러니 전차가 저항 세력의 공격을 받아도 전차를 보호하기 위해 자기 목숨을 걸기보다 강 건너 불구경 하듯 전차가 사냥 당하는 모습을 지켜볼 뿐이다. 이런 판국이니 전차와 보병이 함께 전장에 나가도 합동보전전술로 적을 압도하기보다 보병과 전차가 저항 세력에게 각개 격파되는 한심한 상황이 연출될 수밖에 없었다.

야권, 즉 현 집권층의 반대 진영 주력 전차는 누가 뭐라고 해도 '호남 정서'다. 김대중이라는 불세출의 지도자가 건재했을 때 호남과 김대중의 결합은 'Untouchable' 그 자체였다. 그 당시 호남과 김대중은 누가 전차인지 누가 전차병인지의 구별마저 의미 없었다고 해야 할 것이다. 호남은 김대중의 무기였고, 김대중은 호남의 무기였다. 그래서 수십 년간 이어진 독재 세력과 기득권 세력의 탄압과 비토에 결코 무너지지 않았으며, 마침내 헌정사상 최초의 수평적 정권교체를 이룩했고 정권 재창출까지 성공했다.

김대중은 퇴임하면서 이 주력 전차 '호남정서'를 노무현과 친노 정파에게 그대로 공여했다. 그리고 10년 세월이 지났다. 그 10년, 이들은 2004년 탄핵바람으로 한 번 승리한 이후 무려 1승 30패라는 3푼짜리 승률의 팀이 된다.

지금도 겉으로야 100석이 넘는 의석을 갖고 있는 거대 정당이지만 보수여당의 '호갱님'으로 전락해 있다는 것을 그들 스스로도 인정한다. 이처럼 2005년~2015년의 이 세력을 현 보수 집권 정권의 대항마로 인정하는 사람들은 친노 팬덤을 제외하면 없는 게 현실이다.

2004년 총선 이후 치러진 2번의 대선, 2번의 총선, 3번의 지방선거, 그리고 24번의 재보선에서 현 야권에게 의미 있는 승리라고 할 선거는 2010년 지방선거 단 1회다. 그런데 그 또한 노무현 전 대통령의 갑작스러운 사망 때문에 만들어진 반 이명박 정서라는 이유가 있었다. 그 외 선거는 전패. 이런 신화 같은 정치 역량을 보여주는 친노 정파가 이끄는 정당에 존재감을 느끼는 사람이 과연 있을까? 다시 말하지만 이젠 '친노 팬덤' 외에는 없다.

그나마 선거 때면 야당에 습관적으로 표를 몰아주는 호남 유권자들의 이유 역시 단 한 가지, 이 야당이 좋아서가 아니라 보수여당이 미워서다. 그래도 현 제1야당 주류인 친노 정파는 다음 선거도 그 정서 하나만 믿고 있다. 물론 호남정서는 지금도 여전히 야권의 주력 전차이다. 문재인도 제1야당 주류도 신당으로 야권을 교체하겠다는 안철수가 이끄는 신당도 야권 유권자들도 심지어 새누리당도 이를 인정한다. 이 '호남정서가 주력 전차'라는 것은 4.29 재보선 당시 동교동계에 구걸정치 행보를 서슴지 않았던 제1야당 문재인 대표의 모습이 단적으로 보여주고 있다.

그런데 이런 막강한 전력을 가진 전차가 있음에도 주류인 친노 정파가 이끄는 2005~2015년의 이 세력은 보수여당의 스파링 파트너라는 비아냥거림을 들어야 할 만큼 몸집만 비대한 약체 정치 세력으로 전락했다. 왜? 답은 간단하다. 미군의 에이브람스와 이라크군의 에이브람스 차이, 바로 그것이다.

이라크 전차병들은 운용 노하우의 부족뿐 아니라 무기의 특성도 모르면서 마구잡이로 굴리다가 조금이라도 마음처럼 움직이지 않으면 고치는 쪽이 아니라 그냥 버리는 쪽을 선택한다. 노무현 문재인 친노 정파가 노력 없이 거저 물려받은 주력 전차 호남을 대하는 자세는 에이브람스 전차를 공여 받은 이라크군의 자세와 거의 다르지 않았다. 친노 정파에 이득이 되는 상황이면 호남은 민주화의 성지 대접을 받았지만, 친노 정파의 패권 장악에 걸림돌이 되는 상황이면 호남정서는 패악적 지역주의라는 모욕을 받아야 했다.

그러면서도 자신들 없는 호남은 3당 합당 시절의 고립, 즉 '왕따'를 당할 것이라는 협박마저도 서슴지 않았었다.

김대중과 호남은 전차와 군인의 관계처럼 한 몸이나 다름없었다. 하지만 친노는 야권 주력 전차 호남을 되는 대로 막 굴려먹다 고장 나면 미련 없이 버리는, 전쟁터에서 거저주운 노획 병기와 같은 취급을 했다. 2015년 4.29 보선의 전패, 그리고 10.28 지자체 선거의 참패는 이러한 친노의 후안무치한 오만을 징치하겠다는 호남 발 '분노의 발현'이다.

천안함 미스터리, 세월호 참사, 4대강 비리, 자원외교 비리, 그리고 방산 비리, 최근의 역사 교과서 국정화. 이 모든 국정의 난맥상에도 제1야당이 '호남정서'에 비토를 당하는 이유가 바로 '전차의 분노' 때문이었다. 그렇다면 문재인 대표와 친노 정파는 '전차의 분노'로 비유될 호남 민심의 이반을 진지하고 심각하게 받아들여야 했다. 하지만 그럼에도 그들에게서 절박한 위기감을 찾아보긴 힘들었다. 아예 집권에 대한 절박한 의지나 바람 자체가 전혀 느껴지지 않는 것 같았다.

마찬가지로 2016년 초반, 절체절명의 순간임에도 친노 정파의 제대로 된 총선 전략은 없어 보인다. 대선 전략이 없는 것도 마찬가지다. 다만 '새누리당은 나쁘다. 그러니까 우리를 찍어라' 전법 하나다. 이 전법은 '호남은 우리 아니면 찍을 당이 없으니 당만 깨지지 않고 그대로 존속시키면 찍어 줄 것'이란 '막연한 희망'에 근거한다. 한마디로 지난 10년간 선거 전패의 신화를 이어온 선거 전략의 복사판이다. 10년간 똑같은 방법으로 싸워서 똑같은 결과로 패배했음에도 불구하고 거침없이 또 똑같은 방법을 들고 나온다. 그리고 다시 패배하면 나올 변명도 정해져 있다.

"주력 전차의 성능이 나빠서"

"주력 전차가 뜻대로 움직여주지 않아서"

"주력 전차가 아군에게 포를 쏴서"

전차의 성능이 나쁘면 성능 개선에 대한 노력을 해야 한다. 그러나 그들은 하지 않는다. 전차가 제대로 움직이지 않으면 고장이다. 고장은 원인을 알아서 수리해야 한다. 그러나 고장을 수리한다거나 고장에 대한 대책 같은 건 없다. 아군에게 포를 쏘는 것은 조준장치의 결함이거나 조준을 담당하는 포수에게 문제가 있다는 의미이다. 그렇다면 조준장치와 포수의 피아식별 인식 체계를 다시 점검해야 한다. 하지만 조준장치와 포수에게 책임을 전가하며 비난을 퍼붓지만 조준장치 개선과 포수 훈련은 전혀 거론치 않는다. 마치 책임을 떠넘기고 욕만 퍼 부우면 저절로 조준장치가 수리되고 포수는 최고의 명사수가 될 거라는 식이다.

이처럼 패배를 밥 먹듯 되풀이 하는 친노 세력은 왜 입으로만 혁신과 단결을 외치면서 실제로 승리를 위한 진지하고 처절한 반성이나 변신을 보여주지 못할까. 이는 친노가 생각하는 선거 승리와 야권 지지자들이 생각하는 선거 승리 사이에 엄청난 괴리가 존재하기 때문일 것이다. 야권 지지자들은 국회 과반의석 획득과 야권 대통령 탄생을 선거 승리라고 믿지만 친노 정파는 자신들이 야권에서 만끽하는 패권을 지키는 수준이면 선거 승리라며 만족하고 행복할 수 있다는 점에 선거 승리의 역치를 맞추고 있다. '어떻든 2중대 자리만 지킬 수 있다면 만족한다'라는 세간의 비아냥거림이 전혀 틀린 말이 아니라는 것이다.

운동선수에게 국가대표로 선발되는 것은 최고의 명예 중 하나다. 하지만 자신에게 허락된 국가대표 태극마크가 자신의 실력이 아니라 스포츠계의 고질적 관행 중 하나인 학맥과 인맥의 야합에 의한 결과라면? 그래서 자신이 국가대표로 출전하는 것보다 본선 경쟁력이 훨씬 더 뛰어난 다른 선수가 출전하는 것이 대한민국 금메달 획득에 더 유리하다면? 그는 출전을 강행해야 할까, 아니면 포기하고 다른 선수에게 양보하는 게 옳은 일일까?

그와 그를 밀어준 학벌과 인맥에 충실하자면 당연히 올림픽에 나갈 것이다. 나가서 판판이 깨지더라도 '올림픽은 성적보다 참가하는 것 자체가 의미'라는 올림픽 정신을 주문처럼 외울 것이다. 하지만 그렇게 패배한 그 선수와 그를 국가대표로 뽑은 학맥 인맥이란 카르텔은 대한민국이라는 국가에는 적과 다름없는 존재다. 그런 선수가 가슴에 달고 있는 국가대표를 상징하는 태극기는 위선이요, 기만에 지나지 않는다.

마찬가지다. 친노 정파와 문재인의 무능과 무책임을 증명하고 간증하는데 도대체 몇 번의 선거패배가 더 필요한가, 호남이라는 야권 최고의 주력 전차를 마음껏 운용할 위치에 있었음에도 야권을 이토록이나 처참한 지경으로 만든 그들인데, 지금도 전혀 달라지지 않은 전략 전술로 선거에 임하겠다는 저들을 어찌해야 하는가? 패배가 눈앞에 뻔히 보임에도 야권이 승리하기 위한 선거가 아니라 오로지 자신들의 기득권을 유지하기 위한 선거판을 꾸려나가는 저들, 친노와 문재인 정파는 과연 새누리의 적이라 해야 할까, 야권의 적이라 해야 할까.

"국민의, 국민에 의한, 국민을 위한 정치"라는 말을 남긴 링컨은 민주주의의 상징으로 역사에 남았다. 하지만 지금 야권의 주류라는 문재인과 친노는 "친노의, 친노에 의한, 친노를 위한 정치"라는 패거리정치의 전형을 보여주고 있다. 야권 전체가 이기기 위한 선거가 아닌 '문재인과 친노 정파'의 야권 패권 유지를 위한 선거에 집착하고 있다. 야권세력에게 이들은 적인가 우군인가?

자신들이 운용하다 필요할 땐 쓰고 힘들면 버렸던 호남을 사수해야 한다며 전위대를 보내 새로 부상하려는 세력을 죽이겠다고 한다. 그래도 저들에게 지난 10년처럼 한결같이 다시 쓰라고 '호남정서'를 내줘야 하는가?

이제야말로 주력 전차 호남을 내 몸과 같이 아끼고 사랑하며 싸움터로 나가 대한민국을 바꿀 수 있는 정치세력을 찾아내어 그들에게 야권 최고 주력 전차 전차병 마크를 달아주어야 한다. 그러기 위해서는 무엇보다 먼저 야권이 공멸할지라도 자신들의 기득권과 패권만은 끝까지 내줄 수 없다는 무능과 무책임의 아이콘 친노 세력을 주력 전차의 포탑에서 끌어내려야만 할 것이다.

이제 호남도 그저 누가 미워서가 아닌, 누군가를 절실히 지지하는 이유로 주권을 행사해야 한다. 지역고립을 위협하는 친노의 협박에 끌려가는 것이 아닌, 지역등권의 대화와 타협을 선도할 정치세력의 발굴이 호남의 정치적 선택의 기준이 되어야 한다. 이것이 바로 진정한 "호남정치의 복원"일 것이다.

제 5 장

가상전투와 실전

1. 새로움은 충격을 안긴다
전투기 '매서슈미트'와 '스핏파이어'

1940년 6월. 프랑스를 굴복시킨 나치 독일은 사실상 유럽대륙을 장악했다. 이제 남은 나라는 도버해협 너머 영국뿐이다. 하지만 해군력이 빈약했던 독일은 지상군을 신속하게 영국으로 진격시킬 마땅한 방법이 없었다.

히틀러는 고민에 빠졌다. 영국을 점령해야 영국군이 다시 프랑스를 지원할 수 없기 때문이었다. 프랑스 정부군은 굴복시켰지만 레지스탕스의 저항이 곳곳에서 진행 중이므로 영국의 프랑스 저항군 지원을 막아야 해서였다.

고민에 빠진 히틀러에게 해결사 역을 자처한 인물은 공군 사령관 괴링이었다. 그리고 괴링의 전략은 영국 공군 분쇄를 위한 공중전이었다. 괴링은 히틀러에게 "영국 본토의 공군력을 분쇄하여 제공권을 장악하면 영국은 알아서 독일에게 항복할 것"이라 호언장담했다. 히틀러는 괴링의 장담에 따라 영국 공군 분쇄작전에 나섰다. 그리하여 영국의 창공을 피로 물들였던 'Battle of Britain', 영국 본토 항공전의 '전설'이 시작된다.

히틀러가 괴링의 진언을 수용한 근거는 있었다. 단순 비교로 따지자면 당시 독일 공군의 전력은 영국 공군의 3배 이상 규모였기 때문이다. 따라서 당연히 영국 공군의 괴멸은 시간문제로 여겨졌다. 그러나 실제 전투의 양상은 전혀 달랐다. 시간이 갈수록 궁지에 몰리는 것은 영국이 아닌 독일 공군이었다.

이유는 크게 세 가지다.

첫째, 영국 공군 조종사들의 본토 영공 사수의지가 독일 공군 조종사를 압도했다. 둘째, 독일 전투기와 폭격기의 항속거리가 짧아 영국 상공에서의 공중전 가능 시간이 10여 분에 불과했다는 점이다. 셋째, 독일 폭격기의 폭탄 탑재량 또한 후일 독일 본토에 융단폭격을 가하는 연합군의 B-17 같은 중폭격기에 비하면 압도적으로 적었다. 때문에 막대한 전력상 우위를 가진 독일 공군의 고전이 계속된 것이다.

하지만 빠뜨릴 수 없는 이유가 하나 더 있다. 다름 아닌 영국 공군 비장의 무기 '스핏파이어' 전투기다.

당시 독일 공군의 주력 전투기는 'Bf-109 메서슈미트'였다. 이 기체는 종전 시까지 개량을 거듭해서 최일선 전투기로 사용될 만큼 발군의 능력을 발휘했다. 2차 대전 초반 메서슈미트에 대항할 스펙을 가진 연합군 전투기는 없었다. 그러나 독일이 영국 본토 상공을 침공하자 영국은 그간 아껴두었던 비장의 신예 전투기 스핏파이어를 출격시켰다.

영국 본토 항공전이 벌어지기 전 영국이 보유한 전투기들은 허리케인, 디파이언트 등 독일기에 비해 성능이 그리 뛰어나지 않은 기종에다 숫자는 독일의 절반 정도 수준이었고 그중에서도 대부분이 허리케인이었다. 이런 전투기들을 상대하던 독일 공군 조종사들은 자신들의 전투기보다 뛰어난 성능을 자랑하는 스핏파이어를 만나게 되면서 엄청난 충격을 받게 된다.

스핏파이어는 영국의 유명한 항공기 설계자 레지날드 미첼에 의해 설계되었다. 미첼은 전쟁 전 요양 차 독일에 갔다가 여러 독일 항공기 전문가들을 만나게 되고 독일이 다시 일어설 것임을 예측했다. 다시 독일이 일어선다면 영국의 침공도 일어날 것임도 예견했다.

프랑스와 도버해협을 사이에 둔 영국은 쉽게 육상 상륙을 할 수 없는 천혜의 요충지였고 성과 같았다. 그 때문에 해군력을 증강하여 세계최강의 해군력을 보유하고 있었다. 하지만 제공권이 없는 전함들은 단지 목표물에 불과했고 문제는 하늘에 있었다.

미첼은 이 점에 착안하여 영국에게도 뛰어난 전투기가 절실해질 것이라는 것을 예견, 절대적인 안정을 취해야 함에도 불구하고 혼신의 힘을 다해 스핏파이어를 설계해 냈다. 그리고는 자신이 설계한 전투기가 뛰어난 활약을 하는 것을 보지 못한 채 눈을 감았다고 한다.

전투기의 기동성을 중시여긴 미첼이 설계한 스핏파이어는 수평선회능력에서 독일기들에 비해 뛰어났다. 또 초보조종사들도 쉽게 조종을 배울 수 있는 다루기 쉬운 기종이었다. 그래서 독일이 예측하지 못할 정도로 영국 공군의 전력은 증강되어 있었다.

1940년 6월 스핏파이어 mk2형이 생산되면서 영국본토 항공전에 투입되었다. 1,175마력의 강력해진 롤스로이스 머린 엔진을 장착한 스핏파이어 mk2는 시속 580km라는 엄청난 비행속도를 낼 수 있었고 조종석 주위의 방탄철판이 추가되었다. 날개에 각각 4정의 브라우닝 0.3인치 기관총을 장착했다. 특히 수평선회 능력이 뛰어났으므로 마지막 회피기동으로 수평선회를 택했다.

독일 전투기들이 고전하지 않을 수 없었다. 이런 전투기를 만나 본 적이 없어서 고전을 거듭하던 독일 공군 일선 기지를 총사령관 괴링이 방문한다. 그리고 자상한 지휘관의 이미지를 연출한답시고 조종사들이 모인 자리에서 영혼 없는 질문을 던진다.

"지금 제군들에게 가장 필요한 것은 무엇인가?"

그 순간, 2차 대전 사상 가장 유명한 대사 중 하나가 독일 공군 격추왕 아돌프 갈란드의 입에서 튀어나온다.

"스핏파이어!"

바로 이거다. 영국 공군이 독일의 예측을 따돌리고 비장의 무기를 생산하여 비축했다가 결정적일 때 출격시켜 적을 제압한 사례와 같이 현재 대한민국 야권에게는 적이 충격에 빠질 정도의 비장의 무기가 있어야 한다. 적이 비장의 카드로 가지고 있는 무기와 작전까지 필수 리스트에 올려서라도 그것을 나의 것으로 반드시 만들고 말겠다는 의지와 열정이 필요하다. 와병 중에도 조국의 영공을 위해 뛰어난 전투기를 설계한 미첼과 같은 열정…

2002년, 지금의 야권은 '호남이 영남 출신 노무현에게 호남 출신 김대중에 필적하는 절대적 지지를 보여주면 영남의 양심적인 유권자도 이에 호응하여 노무현을 지지할 것이다.'라는 논리로 무장했다. 이는 김대중의 지역등권론에 의한 DJP연합의 성사와 함께 '영남 역포위론'으로 한 차례 집권을 경험한 친 김대중 세력에게 있어 영남을 공략하는 매우 효과적인 해결책으로 받아들여졌다. 그리고 그 전략은 성공했다.

하지만 좋은 전략이 무조건 성공적인 전과로 연결되지는 않는다. 아무리 작전이 그럴듯해도 그 작전을 수행할 지휘관과 병력, 그리고 최소한의 병참자원이 없다면, 특별히 특출한 지휘관이 없다면 작전은 그저 '탁상 위의 승리'로 끝날 뿐이다. 호남의 노무현 선택 작전은 그런 면에서 성공한 작전이었으나 문재인 선택 작전이 실패한 것에서 드러난다. 특히 상대가 이미 간파한 전략이라면 그 전략은 전쟁에서 무용지물.

2002년, 친 김대중 세력은 극단적 지역주의 전략을 고수하고 있는 영남공략의 선봉장으로 노무현을 선발한다. 결론부터 말하면 노무현 선발 작전은 성공을 거둔다. 작전의 성공은 1997년 '영남 역포위 전략'의 성공에 이어 친 김대중 세력의 연속 집권으로 이어진다. 두 전략 모두 당시 정치 상황으로 볼 때, 친 김대중 세력에게 선택의 여지가 없었던 필승 전략이었다고 평가할 수 있다.

그러나 여기서 간과해선 안 될 부분 또한 두 가지가 있다. 하나는 두 전략 모두 내면에는 지역주의 정치공학이 내재되었다는 점이고, 또 하나는 필승 전략을 승리로 이끈 가장 중요한 동력은 다름 아닌 김대중과 노무현이라는 특출한 '무기'의 존재였다는 점이다. 하지만 같은 전략이었음에도 2012년 대선에서는 졌다. 이유는 '무기'가 특출하지 않았음이다.

그럼에도 2015년에서 2016년을 관통하는 현재 제1야당의 정치공학은 여전히 1997년에서 2002년에 유용했던 전략에 머물러 있다. 즉 호남 플러스 개혁적 진보세력(이른바 486 운동권 지지세력)의 강고한 결집을 통한 영남공략이라는 낡은 모토다. 그래서 이 정치공학은 문재인이란 '무기'를 장착한 제1야당 주류를 자임하는 친노 정파가 여전히 호남에게 절대적 지지를 강요하는 근거가 되고 있다.

2002년 이후 호남의 노무현에 대한 절대적 지지가 2016년 영남의 유의미한 노무현 또는 문재인 지지를 견인한다든가, 혹은 영남의 견고한 보수 정치권 지지를 변화시켰다는 징후는 전혀 보이지 않음에도 이 작전은 변함이 없다. 그렇게 10년이 넘는 세월, 선거란 선거에서 처참한 연전연패를 기록했음에도 여전히 야권에서 패권을 누리고 있는 친노 정파의 레토릭은 전혀 달라진 것이 없다. 다시 말해 현재 야권은 2002년에 써먹은 낡은 수법을 1997년, 2002년과 도저히 비교 불가능한 정치현실이 되었음에도 10년 세월 되풀이하며 패배를 무한 반복하고 있는 것이다.

이런 상황임에도 야권 내부에서 신당 창당이라는 깃발이 올라가지 않는다면, 그것이 오히려 말이 안 되는 상황이었다. 그래서 나타난 것이 결국 친노 세력 배제 신당창당 운동이었다. 밥을 못 먹으면 배가 고프고, 잠을 자지 못하면 졸린 것처럼, 이제 야권 내 새로운 정치결사체 구성은 아주 자연스러운 현상이라고 받아들여질 수밖에 없게 된 것이다. 따라서 이 흐름은 2016년 총선을 통해 원내 제1야당의 붕괴까지 이끌어 내는 동력으로 작용하고 있다.

하지만 '부자 망해도 3년 간다'는 속담처럼 지난 10년 세월 야권 내 절대 기득권으로 행세하던 친노 그룹이 히틀러 자살 이후 급속도로 소멸한 나치당처럼 쉽게 사라지진 않을 것이다. 이점이 바로 현재 야권이 가진 딜레마다.

왜? 친노 패권을 반대한다는 이른바 '비주류' 또한 역량이 제로라서다. 그래서 반대를 말하면서도 그저 진영논리에 기대 원내 2당의 자리라도 고수하려는 집착을 버리지 못하는 무능한 다수가 되어 있다. 그리고 이들은 여전히 '야권단결!'이란 도그마를 신봉, 이 당이 붕괴되지 않을 것으로 믿으며 스스로를 단속하고 있다.

이래서는 결국 야권의 주류 정당은 친노 패권당에 머물러 있을 수밖에 없다. 따라서 야권 재편의 초기 국면은 기득권과 양적 우위를 점한 친노 그룹을 상대로 주도권 경쟁을 벌이는 신당의 '고난의 강행군'이 될 가능성이 농후하다. 때문에 야권 신당은 지금까지 명멸했던 정당들과는 확실한 차별점이 있어야 한다.

1997년과 2002년처럼 신개념 전술과 신개념 전술을 100퍼센트 소화하여 가시적 전과로 연결시킬 수 있는 무기와 작전이 필요하다. 지난 대선에선 '안철수 효과'라는 '스핏파이어'에 새누리당 진영은 혼쭐이 났다. 운용을 잘못하여 그 비장의 무기가 성능을 끝까지 발휘하지 못해 패배했으나 그 무기가 비장의 무기였다는 점에는 누구라도 동의할 것이다.

현 야권의 주류 문재인 지지자의 상당수가 '지난 대선은 안철수의 비협조 때문에 졌다.'는 말을 스스럼없이 한다는 사실이 이를 역설적으로 증명한다. 이들의 말대로라면 안철수가 신명을 바쳐 협조했을 때 이길 수도 있었다는 의미이니 말이다.

그런데 '스핏파이어'라는 비장의 신무기를 보유해야 할 야권은 아직도 2002년까지 유용했던 무기를 전가의 보도라고 애지중지하는 사이, 반대 진영인 현 집권 보수층은 유승민, 아니, 정확하게 말해 '유승민 효과'라는 스핏파이어를 예비 무기로까지 준비하고 있다. 혹자는 유승민은 이미 끝났으며, 대통령이 '배신자'로 찍어 내쫓은 관계로 본인 스스로의 공천이나 당선도 불확실하다고 말한다. 물론 그런 예측이 터무니없는 것은 아니다.

유승민 의원은 박근혜 대통령과 다른 정치적 지향점 때문에 언론이 비박 또는 반박이라고 세력 위치를 정하기도 했으나 거대여당 새누리당 원내대표로서 자신의 소신대로 국회 운영위원장 직을 수행했다. 이 과정에서 청와대와 정부여당의 핵심 요구사항과 야당의 요구사항 중 적절한 절충점을 찾아 야당과 합의정치를 시도했다.

그러나 이 같은 원내대표 유승민의 정치는 '대통령의 지시사항을 어긴 행위'로 대통령에게 비춰졌다. 3권 분립 정신에 의한 의회의 권한중시가 아니라 의회는 행정부가 요구한 법률안을 통과시켜 주는 통법부 정도로 인식한 대통령, 여당의 대표도 원내대표도 대통령의 지시사항을 순종해야 하는 부하로 인식하는 대통령, 이 대통령에게 유승민의 정치는 '배신의 정치'였다.

대통령은 자신의 감정을 노골적으로 표출했다. 국무회의 석상에서 "배신자는 국민의 심판을 받을 것이며 국민은 배신자를 심판해 주셔야 한다."고 매서운 표정을 지으며 말했다. 대통령의 이 신호는 여당 내 대통령 돌격대들에게 행동을 하라는 신호였다. 당 지도부 '친박'계 좌장 격인 서청원 최고위원, 행동대 선봉급인 김태호 최고위원이 원내대표 퇴진을 공식 주장했다. 이어서 곳곳에 심겨진 홍위병급 의원들이 유승민 저격에 나섰으며 당밖 홍위병인 이른바 보수세력 시민사회단체들의 당사 앞 시위까지 이어졌다.

이 상황을 유승민이 버텨낼 수는 없었다. 결국 유승민은 사퇴 카드를 던진다. 그런데 사퇴 카드를 쓰면서 헌법 1조 1~2항을 언급, 대통령의 압박이 헌법과 맞지 않으며 자신은 헌법 정신에 의거 법적권한을 지키려 했다고 말했다. 유승민의 행동은 결국 '유승민 효과'라는 말까지 만들어 내며 그를 단숨에 대선후보급 정치인으로 국민들 뇌리에 등재시켰다.

하지만 이런 효과를 냈음에도 권력에 밀려 퇴장한 유승민은 2016년 국회의원 총선거를 앞두고 있는 정가에서 어느덧 한적한 정치인이 된 것처럼 보인다. 그가 2016년 총선전쟁에서 살아남아 '유승민 정치'를 통해 여권의 신무기임을 증명할 것인지는 짐작할 수 없다. 그러나 제왕적 신념의 소유자인 대통령에게 맞서 원칙과 상식의 정치를 굽히지 않던 유승민의 처신은 건전한 보수층과 상당수 중도층에게 강한 인상을 남겼다.

따라서 현 여당은 여차하면 자신들의 신무기인 '유승민 효과'라는 '스핏파이어'를 출격시킬 수 있다. 만약 박근혜나 새누리에게 대형 악재가 터져 정치적 수세에 몰리게 된다면 저들은 주저 없이, 어쩌면 뻔뻔스럽게 유승민 카드를 들고 나올 가능성이 크다는 것이다. 한마디로 '유승민 효과'는 새누리당의 백업 무기 혹은 스핏파이어와 같은 비장의 무기라는 의미이다.

그런데 야권에게는 '새누리 나빠요!'라는 무기를 빼고 나면 남아있는 무기가 없다. 특히 이미 스핏파이어를 대항할 수 없는 무기임이 드러난 '매서슈미트(문재인)'라는 무기로 이 신무기와 다시 싸워야 한다는 점은 '승리불가'를 미리 선언한 거와 같다. 그럼에도 친노 정파는 야권의 스핏파이어였던 안철수라는 무기를 폐기시키려 했다. 이것이 '야권'이라는 정치세력이 재창조되어야 하는 중요한 이유다. 그래서 결국 안철수라는 무기는 새로운 운용부대의 필요성을 느껴 독자세력으로 출진한다.

그렇더라도 2016 총선에서 보수 여권의 주무기로 사용될 무기는 '너 종북이지?'라는 주문적 구호임은 분명하다. 누가 선봉이되어 총선과 대선에 나서도 이 무기는 진보 야권 세력이 제대로 대항하지 못하는 위력을 지니고 있다. 이는 제1야당 주류세력이가진 '새누리 나빠요'라는 주문적 구호라는 무기조차도 '친노'라는 신분 보증을 통해서야 무기고 인출이 가능한 현실이기 때문이다.

이런 상황에서 보수 여권은 '너 종북' 무기가 위력을 잃거나 그무기를 사용하는 당사자의 능력 부재가 나타나면 '유승민 효과'라는 '스핏파이어'를 언제든지 출격시켜 승리를 쟁취할 준비가 되어 있는 세력이다. 비단 '유승민 효과'가 아니라도 어디에 어떤 무기가 숨겨져 있는지 알 수 없을 뿐만 아니라 '반기문'이란 '노획무기'를 자기들의 입맛에 맞게 개조하여 사용할 준비까지 되어 있는 세력이다.

이에 진보 야권을 뛰어넘어 정치의 재창조를 노리는 신당세력이라면 현 진보 야권 주류의 주력무기로 10년 동안 사용된 '새누리 싫어요!'를 뛰어넘는 신무기를 장착해야 한다.

그런데 그 신무기라는 것이 그냥 '친노가 10년 잘못했으니 선수나 교체하자.'라는 식이라면 신당의 미래도 불을 보듯 뻔하다. 선거 때만 되면 난데없이 각설이처럼 등장하여 "당선될 능력은 없지만 떨어뜨릴 능력은 확실하다."는 협박이나 날리며 야권연대 평계로 의석 구걸이나 일삼는 '듣보잡' 정당의 아류 정도로 전락할 것이 분명하다. 이런 오합지졸 신당들의 거품 같은 생성과 소멸은 오늘날 무기력한 야당에 '그래 봐야 기호2번'이라는 식의 안일함만을 키워주고 말았다.

따라서 이러한 고질적인 악순환의 고리를 끊기 위해 등장하는 새로운 정치세력에겐 민주와 독재, 새누리와 반새누리, 친노와 비노를 초월하는 강력한 무엇인가가 절실하게 필요하다. 그것이 바로 새누리도 제1야당도 충격을 받을 스핏파이어 같은 무기라는 것이다.

'호남정치 복원'과 '새정치로 정치세력 교체'를 주장하며 현재 추동되고 있는 천정배의 국민회의와 앞으로 지금도 계속 유효함을 인증 받고 있는 '안철수 현상'의 주체 안철수 세력의 정당 창당 출범은 기존 야권의 균열이란 1차 목표는 달성했다. 비록 각각이라도 이들의 세력 규합은 무능력과 무책임으로 얼룩진 야권 주류에게 최소한의 변혁이라도 하려는 충격파를 던졌다. 그러나 충격파를 던진 것으로 균열들이 봉합된다면 실패한 독일의 대영항공전일 뿐이다.

마찬가지로 살아있는 권력에 대한 유승민의 원칙 고수는 역시 여권 전체에 메가톤급 태풍을 몰고 왔다. '합리적이고 따뜻한 보수'라는 깃발은 낡고, 썩고, 능력 없고 염치없고, 재미마저 없는 대한민국 정치판에 가뭄 끝 집중호우 같은 통렬한 일격을 가했다.

그런데도 이들은 왜 70년대 '40대 기수론'으로 야권의 혁명을 일으킨 '김영삼과 김대중의 충격'에 버금가는 인정과 평가를 받지 못하는가. 그것은 오늘의 정치판이 70년대보다도 역동성과 순환성을 상실했다는 증거로 볼 수도 있다. 이 같은 역동성을 상실한 이유는 결국 강고한 진영논리가 보수 진보 양측을 지배, 새로운 세력의 창출을 막은 것이다.

특히 기존의 정치공학으로 구분된 보수 여권–진보 야권, 또는 영남 보수–호남 진보, 경제 보수–복지 진보, 자본가 보수–노동자 진보, 심지어 국정교과서 보수–검인정교과서 진보로 규정지어진다면 새로운 정치세력의 등장은 그만큼 더 어려워진다. 결국 이런 이분법적 구도가 깨어져야 하는데 누가 어떻게 그것을 할 것이냐가 과제다. 그렇다고 천정배 유승민이 함께 하는 신당은 성공할 것이란 설익은 정치공학을 이야기하는 것은 더더욱 아니다.

신당이 현재 여야의 이분법적 경계에서 서로 적대적 공생관계를 하고 있는 현 정치권과 주도권 경쟁에서 헤게모니를 쟁취하여 유력한 수권정당으로 성장하기 위해 반드시 필요한 무기는 '유승민 효과'정도 화력을 기본으로 장착하고 현 정치권이나 사회구조에 인이 박힌 이 이분법적 경계를 허물어야 한다.

누구나 뻔히 예측 가능한 전략과 누구든지 쉽게 흉내 낼 수 있는 평범한 난이도의 작전으로 신당이 정치권의 대세가 될 가능성은 전무하다. 지난 2015년 4.29 재보선에서 탈당해 나간 천정배와 정동영을 응징하겠다며 동교동과 안철수에게 구걸을 서슴지 않았던 문재인의 세몰이식 저급정치를 신당에서도 따라한다면 그 또한 저들과 다를 게 없다.

영국 공군은 독일의 전투기 조종사들이 전혀 예측하지 못했던 '스핏파이어'를 숨겨두고 있다가 끌고 나와 독일 공군에 대항, 독일 공군을 충격에 빠뜨렸다. 따라서 신당은 누구도 생각할 수 있지만, 누구도 하지 않았던 정치, 진보 야권이 그동안 해왔던 방법이 아닌 새로운 전술이 필요하다.

간단한 정당행사를 위해 모인 당원과 지지자들이라도 행사 후 그냥 뿔뿔이 흩어지지 말고 행사지역 인근에서 삼삼오오 모여 막걸리 파티를 하거나 주변 청소를 하는 식으로 인근 주민들에게 호기심과 우호감을 갖게 만들어 강한 인식을 심어주는 방식이 그렇다. 이른바 생활정치다. 이런 방식으로 충격을 준다면 신당은 새로운 동력을 얻을 수 있다.

김영삼이 노태우와, 김대중이 김종필과 연합한 것 같은 대형 이벤트도 물론 필요하다. 누구도 생각할 수 있지만 하지 않았던 대형 이벤트를 선보여 그들은 한국 정치의 지형을 바꿨다. 당시는 그들의 행위를 인위적 정개개편이라고 비판했으나 역사는 그들에게 승리자란 타이틀을 줬다. 따라서 신당 추진세력도 천정배-안철수-유승민 조합이라는 대형 이벤트를 통한 정치지형 바꾸기를 시도하면 그만한 무기는 없다. 그러나 이런 대형 이벤트성 인물조합식 정개개편보다 더 신선한 무기, 그것은 기존 정치권이 정치공학으로 유권자를 대하는 방식을 송두리째 바꾸는 것이다. 그것이 21세기 정치전쟁의 '스핏파이어'다.

2. 생각 없이 누르는 버튼
방아쇠와 버튼의 차이

사관생도의 화려한 예복은 어디에서 유래했을까? 18~19세기 전쟁터의 군복이다. 빨강, 파랑 등 강렬한 원색의 군복을 입고 싸운 전쟁의 대표적인 예는 나폴레옹 전쟁이다. 당시의 무기란 총구 앞에서 화약 채우고, 총알 한 발 넣고 발사하던 전장식(前裝式) 소총이었다. 발사속도는 정예병이라 하더라도 분당 4~5발, 유효 사정거리는 잘해야 100미터 정도였다. 지금의 시각으로 보자면 한심한 수준의 무기였다.

따라서 명중률과 발사속도의 한계를 극복하기 위해 여러 명이 모여 한꺼번에 사격하는 전술을 택했다. 게다가 대열을 갖추어 장전과 발사를 교대로 하면서 연속 사격으로 더더욱 강력한 화력 구사를 가능하게 했다. 그리고 아군이나 적군이나 비슷한 성능의 무기니까 최대한 거리를 좁혀 근접전을 치르는 경우가 대부분이었다.(실제로 당시 교전거리가 30~50미터 정도였다고 한다.)

이런 경우 강렬한 원색 군복은 아군의 숫자를 실제보다 많아 보이게 하여 상대방을 심리적으로 압도하는 효과도 노릴 수 있었다. 게다가 화려하고 멋진 복장은 병사들의 사기 진작에도 도움이 되었던 것 같다. 요즘도 조폭들이 검은 양복에 하얀 티셔츠로 복장을 통일하는 것과 같은 맥락이다.

결국 멀리 나가지 않고, 잘 맞지도 않는 총을 사용하던 전쟁의 유산이 오늘날 사관생도의 예복인 것이다. 18~19세기 전쟁터의 일반적인 모습은 오와 열을 딱 맞춘 양측 군대가 수십 미터 거리까지 접근하여 서로 마주보고 번갈아가며 사격하는 양상이었다.

그렇게 사격을 하다가 먼저 대열이 무너지는 쪽이 무질서하게 도망치게 되고, 상대편은 그 순간을 놓치지 않고 착검 돌격으로 전투를 마무리 짓는다. 이런 장면은 멜깁슨 주연 미국 독립전쟁을 다룬 영화 〈패트리어트〉에 잘 묘사되어 있다.

그런데 당시 소총은 정말로 잘 맞지 않았을까? 18세기 후반 독일 프러시아에서 당시 소총의 명중률에 대해 과학적인 실험을 한 데이터가 있다. 500명의 병사가 사람 크기의 표적에 집중사격을 하여 거리에 따른 명중률을 산출한 것인데 80미터 거리에서는 60퍼센트 정도 명중률이 나왔다.

이 실험 결과를 근거로 전투의 양상을 추론해 보자. 양측 500명의 병사가 밀집대형으로 마주서서 일제사격을 가한다면 첫 사격에서 $500 \times 0.6 = 300$명 전후의 사상자가 나온다는 예측이 가능하다. 그렇다면 1분당 4~5발의 사격속도니까 아무리 길게 잡아도 전투개시 2~3분 후 어느 한쪽이 더 이상 일제 사격이 불가능할 정도로 병력손실을 입을 것이 분명하다.

하지만 실제 전투는 그렇게 전개된 적이 거의 없었다고 한다. 사상자 발생률은 연대규모(1,000~2,000명) 전투에서 놀랍게도 1분당 1~2명 정도였다고 한다. 그렇다면 실험과 현실의 이 엄청난 괴리는 어떻게 발생한 것일까?

바로 '사람의 심리'였다. 지휘관의 뜻과는 달리 많은 병사들은

'명령이니까' 방아쇠를 당겼지만 적군을 죽이기 위해서가 아니라 그저 겁주어 쫓아내기 위해 의식적인 오조준 사격을 했다는 것이다. 30~50미터 거리라면 희미하게나마 내가 쏘는 상대방의 얼굴 표정도 알아볼 수 있다. 방금 전까지 나와 눈싸움을 벌이던 생면부지의 적군 병사가 내가 방아쇠를 당기면 죽음의 고통과 공포로 얼굴이 일그러지면서 쓰러진다. 이 무서운 현실을 평균적인 사람의 양심은 받아들이기 힘들었을 것으로 사료된다. 그래서 의식적 오조준 현상이 생긴 것이다.

당시 전쟁터에서 수거된 소총을 분석한 결과는 사람의 이런 심리를 확실하게 뒷받침한다. 상당수의 총이 한 번도 발사되지 않은 상태였다. 심지어 어떤 총은 총열 안에 총알과 화약이 23발이나 장전되어 있었다고 한다. 즉, 쏘는 시늉만 하고 장교들에게 걸리면 큰일 나니까 쏘았다는 것을 증명하기 위해 쏘지도 않은 총에 총알과 화약을 밀어 넣는 행위를 23번 반복했다는 거다. 이 이야기는 웨스트포인트 사관학교 교수인 데이브 그로스먼의 저서 〈살인의 심리학〉에 나오는 내용이다.

명령에 죽고 명령에 사는 존재가 군인이다. 상대를 죽이지 않으면 내가 죽는 원칙이 지배하는 참혹한 현실이 지배하는 곳이 전쟁터다. 그럼에도 살인을 피하고 싶은 인간 본연의 양심은 무명 병사들의 소극적 저항의 형태로 애틋하게 살아 숨 쉬고 있었다. 우리나라에서 최초로 천만관객을 돌파한 영화 '태극기 휘날리며'에도 이런 심리는 잘 묘사되어 있다.

그러나 어떻든 전쟁에서는 많은 군인들이 죽는다. 그리고 전사자 통계를 보면 소총이나 육박전보다 포격이나 폭격에 희생당한 전사자가 압도적으로 많다. 물론 기술 발전에 따라 등장한 야포나

항공기 같은 무기들이 대량살상 효과가 뛰어난 것은 사실이다.

하지만 전쟁에서 사람을 죽이는 주범이 가장 빈번하게 사용되는 소총이 아닌 데에는 또 하나 중요한 이유가 있다. 바로 '간접 살인'이다. 포격이나 폭격에 의한 대량 살상... 이것은 죽는 적이 보이지 않기 때문이다.

포병에게 전쟁은 포를 방열하고, 사격 제원 받아서 장약과 포탄 장전하고 쏘는 것이 전부다. 적군은 언제나 수 킬로미터 이상 수십 킬로미터 저편 지도 좌표 상에서만 존재한다. 만약 포병의 눈에 적군이 보인다면 그건 아군이 끝장난 것이라고 봐야 한다. 공군도 마찬가지다. 수백, 수천 미터 상공에서 조종사들은 무선으로 지시받은 표적을 공격할 뿐이다. 자신이 떨군 폭탄으로 인해 벌어지는 지상의 아비규환을 조종사들은 결코 보고 듣지 못한다.

반면, 공중전 도중 자신이 격추한 적기의 조종사가 낙하산으로 탈출을 기도할 때, 탈출한 적군 조종사에게 사격을 가하지 않고 살려준 경험담은 비일비재하다.(오히려 낙하산에 사격하는 조종사가 '잔인한 사람' 취급을 받는 경우가 종종 있다.)

인간의 심리는 같다. 내가 쏜 총으로 눈앞에서 사람이 죽어 넘어지는 모습을 감당하기 힘들다. 인간성의 공통적 단면이다. 하지만 행동의 결과를 직접 보지 않는다면 이야기가 달라진다. 행동의 결과가 전적으로 나의 책임이 아니라는 면죄부만 주어진다면 조직의 명령에 따라 수많은 생명을 버튼 하나로 해치는 일도 서슴지 않는 것이 인간성의 또 다른 단면이기도 하다. 결국 누군가의 명령으로 누군가의 손가락이 투하 버튼을 눌렀기 때문에 원자폭탄은 히로시마 한복판에 떨어졌었다.

"저를 뽑아 주신다면 대한민국 전체를 갈아엎어 부동산 투기판으로 만들겠습니다!!"

이런 말을 직접 하지는 않았으나 실제 4대강 사업을 공약으로 내건 것은 위의 말을 한 것과 같다. 따라서 '전국의 강토를 개발이라는 이름으로 값을 올려드리겠다.'는 공약을 한 셈이다. 이런 이명박에게 우리 유권자들은 대한민국의 운명을 맡겼다. 그 공약이 시행되므로 이익을 보는 계층이 분명하듯이 손해를 보는 계층이 분명함에도 손해 보는 사람이 눈에 보이지 않기 때문에 혹여 나는 이익이 될까 하는 심리, 위 전쟁 이야기의 간접살인 심리와 무섭도록 같은 심리다.

대통령이 된 이명박은 자신의 공약대로 4대강을 파헤쳐 전국을 공사판으로 만들었다. 그러나 그 후유증은 지금 곳곳에서 신음소리로 나타난다. 실제 공사가 진행되었으나 공약대로 고용효과도 없었고, 사업에 참여한 대기업만 경기의 호황을 누렸을 뿐 지방경제는 살아나지 않았다.

대신 준설토 야적으로 인한 주변 피해와 강바닥 하상을 내려버림으로 물에 잠긴 논밭을 소유한 농민들의 눈에서는 피눈물이 나왔다. 반면 공사 준공 직후부터 지금까지 부실공사로 인한 후유증이 나타나 예산 블랙홀 소리도 나오고 강우기가 아닐 경우 여름이면 거의 전 지역에서 심각한 녹조가 발생, '녹조라떼'라는 소리도 듣는다. 하지만 이명박을 대통령으로 만든 불특정 다수는 이런 피해에 대해 양심의 가책을 느끼지 않는다.

박근혜도 마찬가지다. '줄푸세' 공약 "그러니까 제가 하겠다잖아요."라고 장담한 경제민주회 정책을 홍보한 박근혜 후보에게 더 많은 사람들이 투표하여 대한민국의 운명을 맡겼다. 하지만 약속했던 경제민주화 정책은 당선과 함께 책상서랍 안으로 사라지고 재벌 올인 정책으로 돌아선 것이 현실로 나타났다. 노동개혁이란 이름으로 2015년 국민과 국회를 협박(?)하면서 통과를 요구하는 노동법 개정안을 노동자들은 극구 반대한다. 이유는 '노동유연화'라는 이름의 '쉬운 해고' 법안이기 때문이다.

이를 두고 비판하는 쪽은 "아버지를 해고하고 아들을 고용하는 법안, 아버지 월급을 깎아서 아들에게 주는 법안"이라고들 한다. 즉 고용을 통한 기업의 분배에 초점을 맞춘 것이 아니라 노동자의 급여를 쪼개서 또 다른 노동자에게 주는 법안이란 말이다. 애초 '줄푸세'란 경제공약은 '경제민주화'에 초점을 맞추고 진행되는 것이 아니라 재벌 우대로 진행되고 있으므로 이를 입안하고 추진하려 한 김종인 전 의원 등은 대통령을 비판하면서 뒷전으로 물러나 버렸다. 때문에 비평가들은 집권자 박근혜는 대통령직이 필요했던 이유로 아버지 박정희의 명예회복을 통한 '박근혜가 원하는 세상'을 만들고 있다고 비난한다. 또 노동법 개혁이란 이름으로 개정된 노동법에 의해 해고되는 수많은 사람들의 암담한 삶에 대해 박근혜를 찍은 수많은 사람들은 책임을 느끼지 않는다. 이 또한 위 전쟁 이야기의 간접살인 심리다.

지하철에 노약자가 타면 자리를 양보하는 양심적 시민이 많은 우리나라다. 가난한 이웃의 어려운 사정이 텔레비전 화면을 타면 눈물 흘리며 핸드폰으로 기꺼이 성금을 내는 국민이다. 길거리에서 힘겹게 손수레를 끄는 할머니를 보면 밀어주고 끌어주며 몸을 아끼지 않는 '좋은 사람'이 많은 우리나라다. 그러나 이렇게 착하고 선량한 사람이 많이 사는 나라지만 이명박 박근혜가 집권한 시기의 대한민국은 그들의 정당과 거기에 참여하거나 지지하는 세력이 모든 권력을 독점하고 있다. 박근혜가 후보 시절 '100퍼센트의 대한민국'을 공약했지만 실제로는 30퍼센트도 못 되는 10퍼센트이하 극소수 가진 자의 대한민국으로 가고 있다. 젊은이들 사이의 자조어인 '헬조선'이란 말이 2015년 유독 범람했던 이유다. 하지만 그럼에도 이들의 권력향유가 온당하다는 사람들이 최소 30퍼센트가 넘는다. 이들은 박근혜 대통령의 대통령직 수행을 잘하고 있다고 여론조사에서 말한다.

이런 역설은 우리도 모르는 사이 불의한 권력이 우리가 느끼지 못하면서 버튼을 누르게 하는 환상을 심어주었다는 의미이기도 하다. 즉 이명박 후보의 4대강 사업 공약에 대해 경제발전이란 환상을 갖고 그 환상으로 손가락에 잡힌 붓뚜껑 버튼을 눌렀으며, 박근혜 후보의 '줄푸세'니 '경제민주화'의 공약에 대한 환상으로 다시 손가락에 잡힌 붓뚜껑 버튼을 눌렀다. 우리 안에 내제된 이기심과 탐욕, 이런 것들이 가져 온 참담한 결과다.

이런 환상에 취해 붓뚜껑 버튼을 누름으로 인해 이명박 박근혜의 실체를 명확히 알고 지지했던 '이대로만 영원히' 그룹 안에 있는 사람들만 좋은 세상이 되어간다. 그들은 지금도 세금을 깎아 줬으니 좋기만 하다. 그러나 그들이 덜 내게 된 세금만큼 줄어든 국가재정은 그들보다 연약한 누군가의 피땀으로 채워 넣어야 한다.

그들에게 누군가의 현찰을 강탈하라고 개인적으로 시킨다면 그들은 절대로 그런 일을 저지르지 못할 것이다. 강도범은 대개 극단적 상황에 몰린 사람들이지 그들이 아니다. 그러나 실제로는 그들이 이명박과 박근혜를 통해 누군가의 돈을 강탈했다. 그래도 양심의 가책이 없다. 그래서 그들은 이명박 박근혜에게 감사하면서 다시 또 다른 이명박근혜를 찾고 있다.

앞에서 우리는 직접 사격에 의한 사망률이 왜 낮은지를 고찰했다. 이처럼 총으로 눈에 보이는 상대를 쏘아 죽이라면 할 수 없었던 일을, 포병과 공군 조종사의 보직을 주면서 안 보이는 곳에서 버튼을 누르라면 그 행위로 인해 다수의 피해자가 날 것을 알면서도 거리낌없이 해치운다. 단지 명령이라는 이유로... 그 행위에 의해 얼마나 많은 사람들이 죽거나 다치면서 피해를 입을 것인지 생각하지도 않는다.

마찬가지로 우리 손에 들린 붓뚜껑을 무심코, 작은 이익에 좌우되어, 누군가가 부탁하니까 라는 이유로 누른다면 그것이야말로 눈에 보이지 않는 탄착점, 지도에 좌표로만 표시된 탄착점을 향한 포구에 포탄이 발사되도록 버튼을 누른 것과 같다. 이런 심리 때문에 지금 나라 경제가 바닥이 어딘지 모르고 추락하는데 경기를 살린다는 명분으로 '빚내어 집 사세요.' 정책을 남발하는 정부를 선택한 그들은 결코 양심의 가책으로 번민하지 않는다. 이 모든 일들은 자신의 자발적 선택의 결과가 아니라 집권자가 한 일이기 때문이다.

다시 총선의 시기가 도래했다. 선거라는 전쟁, 삶의 대부분 시간, 착하고 양심적인 사람으로 살아온 사람들에게 다시 '선거에서의 한 표'라는 버튼이 주어진다. 그러나 선거 결과가 나온 뒤 어느 정파가 승리하고 어느 정파가 패배했든 붓뚜껑 버튼을 누른 사람들은 그것으로 끝이다. 결과가 어떻게 나타나더라도 양심과 자존심이 상처받는 일은 없을 것이다.

잘 할 것 같은 사람을 지지했다는 자의식은 자신들의 선택이 잘못되었음이 판명되어도 직접적 책임의식을 느낄 필요가 없다. "잘 할 줄 알고 지지했을 뿐이지 그가 또는 그 정당이 그토록 형편 없는 줄 우리는 알지 못했다."는 변명이면 상당부분 봇뚜껑 버튼을 누른 책임은 면책을 받는다.

이처럼 선거라는 행위는 우리에게 있어 양심과 자존심에 억눌려 숨죽이고 있는 탐욕과 이기심을 마음껏 발산할 흔치 않은 기회인지도 모르겠다. 정적을 사법 권력으로 죽여도, 공권력을 사냥개처럼 부려서 생존권을 지키려던 시민을 학살해도, 대한민국 국가경제를 1퍼센트 귀족들의 투기 난전판으로 전락시켜도 그것은 정치인들의 책임이지 그런 사악한 권력자를 선택한 '착하고 양심적인 유권자'의 책임은 절대로 아니라는 면책이 주어지기 때문이다.

그러나 여기서 우리는 중요한 사실을 다시 기억해야 한다. 사람을 눈앞에서 죽이는 총의 방아쇠를 당기지 않았을 뿐이지 원자폭탄을 발사하는 버튼은 확실히 눌렀다. 산 너머 들 건너 보이지 않는 지역의 탄착점을 향한 포구를 향해 포탄을 장착했으며 버튼을 눌렀다. 당선자를 선택한 사람은 다른 누구도 아닌 '착하고 양심적인 유권자'다.

다시 말하지만 선거 전쟁은 소총수 개인에게 직접 맞닥뜨린 적에게 방아쇠를 당기게 해서는 이길 수 없는 전쟁이다. 보이지 않는 곳에서 누른 버튼으로 수많은 사람이 희생되어도 양심의 가책을 덜 느끼는 심리를 잘 이용해야만 이긴다. 지금의 야당이 선거전쟁에서 이기지 못하는 이유는 이 평범한 진리를 이용하지 못하기 때문이다.

모든 후보가 자신의 공약을 100퍼센트 임기 중 달성할 수 없다는 지난 과거의 역사가 면책으로 다가오기 때문에 선거 전쟁은 누가 유권자를 더 잘 속이는가의 싸움을 변질되어 있다. 때문에 상대적으로 덜 비양심적인 진보야권이 상대적으로 더 거짓의 농도가 짙은 보수여권에게 늘 지는 것이다.

그래서 새누리당 김무성 대표는 아예 노골적으로 국민은 공약에 속아서 투표한다고 당당하게 말해도 이를 지적하는 언론도 없다. 하지만 이는 다시 총선에서 거짓 공약을 하겠다는 선전포고다. 그래도 유권자는 그들의 공약 불이행에 대해 책임을 묻기보다 듣기 좋은 공약을 하는 쪽에게 다시 표를 던진다. 그러니 이들은 더 당당하게 거짓공약을 하겠다고 미리 말하는 배짱까지 있다. 개인이 양심에 걸려서 쏘지 못하는 적을 보이지 않는 곳에서 대신 쏘아주겠다는 공약, 야당이 쓰지 못하는 전법이다. 누군가의 손가락 밑에 있는 버튼, 전쟁도 선거도 양심을 무디게 하는 쪽이 이긴다.

참여정부는 원내 과반의석을 확보한 열린우리당이라는 여당이 있었음에도 끝내 4대 개혁법안을 통과시키지 못했다. 여러가지 정치적인 이유와 해석이 가능하겠지만 핵심은 결국 노무현도, 열린우리당 국회의원 대다수도 '내 손에 피를 묻히지 못하겠다.'는 콤플렉스를 극복하지 못한데 있었다. 쉽게 말해 아무리 선량한 의도라도 강행통과라는 무리한 과정을 감당할 자신이 없었다는 것이다.

당시 노무현과 참여정부를 지지했던 지지자들이 간절히 염원했던 바는, 내가 누른 버튼으로 가차 없이 날아가는 원자폭탄이 되어 수구 보수를 초토화 시켜달라는 것이었다. 하지만 그들은 잔인한 원자폭탄이 되길 거부했다. 그저 아군은 물론 적군에게마저도 선량한 권력자들이고 싶어 했다. 노무현의 정부가 '참여'정부라는 이름을 선택한 것도 어쩌면 그런 맥락과 맞닿아 있는 것은 아닐까 한다.

유권자의 투표로 권력을 쟁취하고 내놓는 대의민주제는 시간이 가면서 '대의'보다는 '승리'가 목적인 투표로 변질되어 버렸다. 때문에 '승리 이데올로기'가 투표의 전부라고 해도 과언이 아니다. 그러기에 거짓 공약으로 유권자를 환상 속으로 밀어 넣는다. 유권자는 실제 자신을 대신할 '대의자'를 선택하는 것이 아니라 '환상'에 빠져 보이지 않는 탄착점을 향한 포구를 통한 포탄이 발사되도록 버튼을 누르는 행위자가 되어 있다.

그러나 그럴수록 권력과 정치는 유권자와 멀어지면서 그들만의 세계로 빠져들게 된다. 따라서 지금부터라도 유권자는 직접 총을 든 소총수의 심정으로 붓뚜껑 버튼을 눌러야 한다. 내가 쏜 실탄이 적을 죽이는지 헛방을 쏘는지 아니면 나와 아군을 죽이는지 확실히 보면서 제대로 된 사격을 해야 한다.

선거에서 늘 지는 야권 또한 방아쇠와 버튼의 차이를 확실히 알아야 다시 이길 수 있는 기회라도 잡는다. 그 기회는 유권자가 붓뚜껑을 버튼으로 알고 누르지 않도록 해야 찾아온다. 환상에 취해 잘못 누른 버튼으로 나는 살상자에 대해 책임의식은 없으나, 직접 조준사격으로 눈앞의 적을 죽였을 때 느낄 책임의식을 유권자가 깨닫게 해야 함부로 붓뚜껑 버튼을 누르지 않는다.

3. 정확한 진단이 먼저다
'당신의 명령을 수행할 부대는 존재하지 않습니다.'

히틀러의 개인비서였던 트라우들 융케의 자서전을 모티브로 하여 만들어진 〈몰락〉이라는 영화가 있다. 2004년에 개봉된 이 영화는 베를린 지하벙커에 고립된 채 하루하루 죽음의 문턱으로 나아가던 히틀러와 주변 인물들의 인간 군상을 처연한 시각으로 묘사하고 있다.

소련군에게 포위되어 가는 베를린 한복판 히틀러의 지하벙커에는 파국을 향해 치닫는 독일군의 전황보고가 속속 들어온다. 워낙 혼란한 상황이라 전황보고 중에는 허구와 진실이 뒤섞여 있을 수밖에 없었다. 하지만 거듭된 패패로 이미 현실 인식 능력을 상실한 히틀러는 사실에 입각한 보고는 철저히 무시하고 자신의 기분을 좋게 해주는 보고에만 열광하게 된다.

예컨대 '슈나이더의 친위대 군단이 베를린 포위망을 분쇄하기 위해 진격 중이다.'라는 소식을 접한 히틀러는 로또복권에 당첨된 노숙자처럼 희희낙락한다. 하지만 하루도 지나지 않아 허위보고로 밝혀지자 히스테리 발작을 일으키며 주변 모든 사람들에게 저주와 욕설을 퍼붓고 제풀에 지쳐 깊은 우울감에 잠겨버린다.

하루하루 소련군의 포위망은 좁혀져 오는 가운데 히틀러는 시도

때도 없이 작전회의라는 것을 소집한다. 그는 지도를 보며 이런 저런 명령을 부산하게 내린다.

"기갑사단은 서쪽으로, 보병부대는 북쪽으로 우회, 포병대는 전방으로 추진하여 전개…"

하지만 회의에 참석한 독일군 최고 지휘부의 반응은 아주 간단했다.

"총통, 당신이 내린 명령을 수행할 부대는 이미 존재하지 않습니다."

그래도 히틀러는 계속 실현 불가능한 명령을 되풀이 한다. 그러다가 히스테리 발작을 일으키며 주변 모든 사람들에게 저주와 욕설을 퍼붓고는 쓰러지기 일쑤. 환상에 대한 열광과 저주받은 현실에 대한 발작, 열광과 발작에 스스로 지쳐가는 몰락한 독재자. 그것이 히틀러의 마지막 자화상이었던 셈이다.

2015년 10월, 극심한 분열양상을 보이던 원내 제1야당이 계파 간 대립을 봉합하고 '화합'무드 조성에 나섰다. 재신임이란 무기로 당내 반대파들을 겁박(?)한 문재인 대표가 스스로 겁박의 무기를 치우면서 고개 숙이고 들어 온 비주류 최고위원들에게 한턱내는 것으로 화합의 분위기는 더 고조되었다. 이는 문재인 대표 자택에 모인 이들의 파안대소, 환호작약이 나타난 사진 한 장으로 압축되었다.

그러나 2015년 여름의 야권을 뜨겁게 한 혁신안과, 혁신안을 추인한 문재인이 재신임 파동을 일으키고, 이 재신임 파동에 당 중진과 최고위원들이 문재인에게 고개를 숙였다고 해서 당이 화합되리라 생각하는 사람은 아마도 없을 것이다. 게다가 문재인과 최고위원들의 파안대소와 환호작약을 담은 사진이 화합의 징표라며 언론을 장식하지만, 그 사진이 당사자인 문재인의 기분전환용 소품은 될 수 있을지 몰라도 이미 누더기가 된 문재인 리더십의 힐링을 가능케 할 기적의 명약이라고 믿을 사람 또한 거의 없을 것이다.

그렇다면 대한민국 원내 제1야당을 둘러싼 분열의 파열음이 그치지 않는 이유는 무엇일까. 사실 그것은 자타가 공인하는 야권 맹주인 문재인 대표에게 정치적 자산이 전혀 없기 때문이다.

문재인이 정치판의 '프롤레타리아'임은 이미 4.29 재보선 와중에 여실히 드러났다. 평소 구태정치인, 지역정치 호남지역주의자들로 매도하며 폄하를 일삼던 권노갑을 비롯한 고 김대중 전 대통령 직계 정치인들, 이른바 동교동계 원로들을 찾아가 지지를 호소하는 모습을 서슴지 않고 연출한 문재인의 정치적 처신은 그가 가진 정치적 자산의 수준이 어느 정도 인지를 보여주는 대표적인 사례라 할 것이다.

문재인은 지난 2012년 대선에서 48퍼센트, 1,500만 득표라는 성과를 올렸다. 수치로만 따지면 진보진영 후보가 거둔 최대치이다. 하지만 그것이 문재인의 자산이라고 인정하는 사람은 거의 없다. 수구보수와 철저하게 1대1 구도로 치러진 선거에서 진영논리의 덕을 본 것뿐이기 때문이다. 심지어 그의 지지자들까지도 문재인의 정치적 스펙에 대해 노무현 비서실장이라는 것 말고는 특별히 내세울 거리를 찾지 못한다. 반면 '돈' 때문에 선거법 위반으로 구속된 서청원을 변호하고, 한명숙의 유죄판결을 정치재판이라 단정하는 등 문재인의 장점이라 치부되는 도덕성은 진영논리에 너무도 쉽게 파묻히곤 한다.

냉정하게 말해 김대중 급 정치인과 문재인을 비교한다는 것은 제트기와 프로펠러 비행기의 비행성능을 비교하는 것과 같은 일이다. 아니, 애초부터 문재인에겐 비교 가능한 정치인이 없다. 그는 스스로의 힘으로는 아무것도 할 수 없음을 길지 않은 정치행보에서 민망하리만치 적나라하게 보여주었다. 이 서글픈 진실은 그 누구보다 문재인 자신이 더 잘 안다. 따라서 그는 대선후보로 나왔을 때도 당시 바람몰이의 원천인 안철수와의 단일화에 목숨을 걸다시피 매달려야 했었다.

당 대표 선거 때는 실체가 애매한 '모바일부대'를 앞잡이로 내세웠으며, 앞서 언급했듯 4.29 재보선에서는 동교동 노인들을 앞세우는 선거를 해야만 했다. 때문에 이처럼 정치적 자산이 전혀 없는 문재인을 수장으로 옹립한 친노 정파가 할 수 있는 일은 '강력한 적의 위협'을 앵무새처럼 지겹도록 되풀이하며 지지자들을 진영논리에 매몰시키는 것뿐이다.

그런 방식으로 친노 정파는 강력한 적이 있다는 이유를 들면서 야권성향의 유권자들에게 자신들을 지지할 것을 강요하지만, 그것은 자신들의 정치적 기득권을 유지하기 위한 방편일 뿐이다. 실상은 오히려 그 막강한 적의 전횡을 가능하게 하는 가장 강력한 도우미가 바로 다름 아닌 친노 정파다. 그래도 그들은 자신들이 현 집권층의 재집권 도우미라는 사실을 절대로 인정하려 하지 않는다.

때문에 이들이 '슈퍼 갑'으로 군림하는 야권이 2007년 집권 이후 권력을 장악한 세력과의 정치투쟁에서 승리할 것이라 믿는 계층은 이제 친노 정파의 팬덤 외에는 아무도 없다. 따라서 이 집단은 한국 헌정사상 최악이자 최약체 야당이었던 민한당이나 1992년 12월 이후 이기택이 이끌었던 통합민주당과 함께 여당 도우미

야당 트로이카로 역사에 기록될 것이다.

병을 고치려면 정확한 진단이 필수조건이다. 마찬가지로 썩어 문드러진 야권의 문제를 해결하려면 가장 필요한 것은 냉철한 현실파악 능력이다. 그러나 문재인과 친노 정파에게서 현실파악 능력을 털끝만큼이라도 찾아볼 수 없다. 그들은 오로지 자기들이 보고 싶어 하는 것만 보는 눈 뜬 장님이나 다름없는 존재다. 문재인 각본 연출의 혁신안과 재신임 파동이 세간에 웃음거리가 된 이유이기도 하다.

현실과 완벽히 괴리된 혁신안으로 '총선승리'나 '정권교체'를 말하는 문재인에게 그의 팬덤 세력을 제외한 여타 유권자들은 그저 웃고 말 뿐이다. 시한부생명을 선고받은 사람의 첫 반응은 '부정'이다. 사람의 당연한 심리이다.

현실을 인정하면 죽음이라는 것을 의식한 환자는 죽음을 직감하기 때문에 무조건 진단을 부정할 수밖에 없다. 마찬가지로 문재인과 친노 정파는 이미 2015년 4.29 재보선을 통해 시한부 판정을 받았지만 그들은 절대로 그 불편한 진실을 인정하지 않는다. 왜? 인정하는 순간 그들을 기다리는 것은 정치판에서의 폐기처분뿐이라는 걸 누구보다도 그들 스스로가 잘 알고 있기 때문이다.

불면증 환자 치료의 첫 번째 처방은 잠을 재우지 않는 것이다. 잠을 자야 한다는 강박관념이 오히려 불면을 야기하기 때문이다. 또 마찬가지로 걷잡을 수 없는 분열 양상을 보이는 야권을 추스르는 가장 확실한 방법은 더 이상 쪼개질 수 없을 지경으로 야권을 박살내는 것이다. 그것이 진정한 통합을 위한 창조적 파괴란 최선의 방법이 될 수 있다. 멀리 갈 것도 없이 김대중의 새정치국민회의와 노무현의 열린우리당이 전형적인 사례에 속한다. 김대중과 노무현은 진영논리에 편승해 표나 구걸하려는 잡탕 정당 따위는 철저하게 깨고 자신과 뜻을 같이하는 강철대오 정치세력으로 새로운 정당을 만들었다.

그렇게 창조적 파괴를 과감히 단행한 후 국민에게 그 타당성을 당당하게 평가받고자 했다. 그 결과 새정치국민회의는 정권을 잡았으며 열린우리당은 과반의석을 획득했다. 그런데 왜 문재인은 노무현이 그랬듯 순수 무균질 친노 정파의 정당을 만들겠다는 의지를 보여주지 못할까? 물론 우리는 답을 이미 알고 있다. 그는 자산이 없기 때문이다. 지금 문재인의 혁신안은 코너에 몰린 정치적 파산자가 탐닉하는 필로폰이나 코카인 같은 정치쇼일 뿐이다. 문재인은 이 혁신안으로 사상 최악, 최약체의 무책임 무능력 야당이 수권정당으로 둔갑할 수 있다고 믿을 수밖에 없었다. 정치적 스펙도 자산도 전혀 없지만, 저급한 코미디도 안 되는 재신임 도박을 벌인 이유도 같은 맥락이다. 그리고 이 재신임 도박에서 승리한 것을 동방불패 대선주자로 변신한 것처럼 여기는 것 같았다.

1945년 4월의 히틀러도 그렇게 망상에 젖어 잠시나마 위안과 행복을 맛보았을 것이다. 문재인이 '무조건 통합, 무조건 혁신이면 이긴다.'는 망상에 젖어 잠시나마 위안을 맛보던 순간의 환호작약과 파안대소, 그것은 패전이 확실함에도 망상에 젖어 지하벙커 안에서 자신만의 전쟁을 한 히틀러의 심경이다. 이런 현실에도 초능력자 문재인을 기대하는 친노 정파와 그에 부역하며 공천이나 얻어먹으려는 정치모리배의 현실인식 능력은 한심하기 짝이 없다.

전후 독일은 나치 부역자를 70년이 넘은 지금도 처벌한다. 나치 부역에 공소시효는 없다. 지금 저들이 무소불위 최신무기로 믿는 혁신안과 재신임의 의미는 아주 단순하게 정의될 수 있다. 한마디로 친노 정파의 필로폰, 문재인의 코카인에 불과하다는 사실. 이를 인정하지 않는 한 그들이 생존할 수 있는 방법은 없다. 그래서 그들도 곧 전범재판에 넘겨질 것이다. 이미 유권자들이 그것을 생생하게 알려줬다. 동교동계에게 구걸까지 서슴지 않으며 총력전을 전개했던 4.29 재보선의 패배, 그것이 정답이다. 이 정답을 깨달았다면 4.29 패배 후 문재인은 미련 없이 대표직을 포기했어야 했다.

영화 〈몰락〉이 보여준, 희대의 독재자이자 전쟁범죄자였던 히틀러가 지하 벙커에서 보냈던 마지막 한 달간의 환각파티는 광기 어린 독재자의 기행이라는 측면을 빼면 별로 흥미 있는 스토리는 아니다. 하지만 히틀러가 그렇게 몰락해 갈 때, 수천만 독일 민중은 전쟁의 폭풍 속에서 속절없이 스러져 가야만 했다.

문재인 대표 또한 마찬가지다. 그가 혁신안 통과와 재신임 겁박을 통해 일순간 당을 장악한 것 같은 망상 속에 있는 동안 야권 지지자에게서 희망은 점점 멀어져 갔다. 피땀 어린 세금을 퍼부은 4대강의 재앙을 우리가 겪고 있듯, 상식적인 사람들의 상식적인 세상을 갈망하는 대한민국 민초들의 무구한 소망이 멀어져 갔다.

싸울 병력도 없는 장수들이 벙커에서 히틀러의 광분을 바라보는 모습과, 문재인 대표가 혁신쇼를 벌이든 재신임 코미디를 보여주든 새정연 후보에게 표를 던질 유권자는 하루하루 사라져 가는데 문재인은 우쭐하여 희희낙락하고 최고위원들은 그에 맞춰 파안대소하는 모습. 이 모습이 히틀러의 '몰락'과 비교되는 것은 정녕 환상인가?

만약 히틀러가 하루라도 더 빨리 패배를 인정하고 항복을 선택했다면 그의 조국 독일은 보다 많은 인명과 재산을 보존할 수 있었을 것이다. 하지만 히틀러는 마지막 순간까지 패배를 인정하지 않았다. 왜? 그가 패배를 인정한 순간 그를 기다리는 것은 전범재판과 교수대뿐이라는 사실을 누구보다도 더 잘 알고 있었기 때문이다. 패배라는 현실을 인정하지 못하는 그를 지탱시켜 주는 것은 결국 환상뿐이었다.

그래서 히틀러는 존재하지 않는 부대의 진격을 애타게 기다렸고, 있지도 않는 부대에게 애타게 공격 명령을 반복했다. 히틀러에게 있어 그 모든 것들은 세상 모든 근심 걱정을 잊게 해주는 필로폰이나 코카인 같은 의미였다.

문재인이 사퇴하지 않고 버티는 과정에서 결국 당의 절반 지분을 가졌다는 안철수가 탈당했다. 안철수의 탈당은 앞서 천정배나 정동영의 탈당과는 궤가 다르다. 천정배 정동영은 예전 열린우리당 창당 주역이긴 하지만 2015년까지 이어진 정치역사에서 이미 10년 전에 그들이 가졌던 정치적 파괴력을 상당부분 잃은 상태였다.

하지만 안철수는 '안철수 현상'이란 바람의 당사자이며 문재인의 대선후보 파트너이기도 했다. 그리고 그 힘으로 자신의 정치세력을 추진하려다 합당하면서 명목상 당의 50퍼센트 지분을 확약받았다. 그런데 그 같은 안철수를 보궐선거 실패라는 이유로 당권에서 밀어내고 그 당권을 잡은 문재인이 이제는 안철수가 당을 떠나게끔 한 것이다.

이는 어떤 변명과 이유를 대도 문재인 자신이 금과옥조처럼 말하는 '승리=통합'에 배치되는 정치를 했다는 증거다. 따라서 안철수의 탈당과 함께 문재인이 이끄는 정당은 앞날을 알 수 없게 되었다. 결국 문재인이 말하는 혁신과 단합을 통한 승리나 정권교체는 히틀러가 "기갑사단은 서쪽으로, 보병부대는 북쪽으로 우회, 포병대는 전방으로 추진하여 전개..."와 다를 바가 없다.

당시 회의에 참석한 독일군 최고 지휘부는 "총통, 당신이 내린 명령을 수행할 부대는 이미 존재하지 않습니다."라고 시니컬하게 말했지만, 2015년 대한민국 야권 지지자들은 "국회의원 총선거에서 이길 곳 한 곳도 자신 있게 말하지 못하면서 승리, 정권교체 등을 말하는 문 대표 당신이 참 한심합니다."라고 비웃는다.

역사의 한 장에서 그나마 1,500만 표를 얻고 낙선한 불운의 정치인이란 기록이라도 남기려면 이쯤에서 문재인 대표는 정치를 접어야 한다고 충고하는 사람도 없다는 사실이 더 서글픈 대한민국이다.

그럼에도 정치의 교체, 야권의 교체는 중요하다. 절대명제이기도 하다. 여당이 잘못하면 야당으로 정권을 교체하면 된다. 그런데 야당이 잘못하면 교체할 희망도 없다. 그래서 지금은 야당을 바꾸는 게 우선이다. 무능하고 무책임한 여당을 대체할 야당이 필요하다. 집권에 대한 처절한 갈망이 아닌 야권의 패권 유지가 최우선 목표로 탑재된 문재인 정파가 야권의 갑으로 군림하는 한, 우리는 히틀러가 지옥으로 끌고 간 독일과도 같은 파국을 맞이할 지도 모르기 때문이다.

제 6 장

아! 명량해전

1. 무능이 욕심을 만났을 때
칠천량 패전의 원균의 비극

이순신은 무인이 갖추어야 할 모든 것을 두루 겸비한 위대한 군인이었다. 투철한 국가관, 자신이 지켜야 할 대상인 나라와 민중에 대한 무한한 사랑, 불굴의 투지와 신념, 그리고 이기는 싸움을 이끌어낼 수 있는 능력에서 그는 타의 추종을 불허한다.

이순신의 라이벌 아닌 라이벌로 비교되며 기록상 임진왜란의 대표적인 패전지장으로 회자되는 인물은 원균이다. 어떤 사람은 이순신을 영웅으로 부각시키기 위해 역사가 원균을 푸대접 한다는 이론(異論)을 제기하지만 동시대의 여러 기록에 원균의 무능을 탄핵한 글은 넘쳐난다. 그중 대표적인 내용은 아래와 같다.

"충청병사(忠淸兵使) 원균(元均)은 사람됨이 범람(泛濫)하고 게다가 탐욕 포학하기까지 하다. 부하에게 뇌물을 받고 기한 전에 전역을 시켰다. 무리한 형벌, 잔혹한 일을 자행한다. 파직하고 서용하지 말라."(1595년 8월 사헌부의 원균에 대한 탄핵 상소문 중 일부 인용)

당시 이 같은 사헌부 상소가 있을 정도이니. 당시에도 원균은 대군을 지휘할 장군으로서 함량미달이라는 평가를 받았었다고 봐야 할 것이다. 그뿐 아니다. 원균은 1591년 전라좌도수군절도사가 되었으나 사간원은 다음과 같이 원균을 비판, 원균이 체차되도록 했다.

 "사간원이 아뢰기를 '전라 좌수사 원균(元均)은 전에 수령으로 있을 적에 고적(考積)이 거하(居下)였는데 겨우 반년이 지난 오늘 좌수사에 초수(超授)하시니 출척권징(黜陟勸懲)의 뜻이 없으므로 물정이 마땅치 않게 여깁니다. 체차를 명하시고 나이 젊고 무략(武略)이 있는 사람을 각별히 선택하여 보내소서' 하니, 아뢴 대로 하라고 답하였다."

 이는 왕조실록이니 정사의 기록이다. 또 당시 초유사 김성일의 장계(狀啓, 왕명을 받고 지방에 나간 신하가 자기 관하의 중요한 일을 왕에게 보고하던 일 또는 그런 문서)는 매우 섬세하다. 김성일은 전황에 대해 "우수영(右水營)은 수사(水使, 원균을 의미한다.)와 우후(虞候)가 스스로 군영을 불태우고서 우후는 간 곳을 알 수 없고, 수사는 배 한 척을 타고서 현재 사천(泗川) 해포(海浦)에 우거하고 있는데 격군(格軍) 수십 명 이외에는 군졸은 한 명도 없습니다."라고 원균의 부대 지휘에 대해 썼다.

 이어서 "신이 보건대, 고성(固城)이 비록 함락되었지만 왜적이 이미 돌아갔고 군량도 있으니, 만약 수사가 성에 들어가 웅거하여 지킨다면 무너져 흩어진 인민들이 반드시 안집(安集)할 것이기에 두 차례나 수사에게 통문(通文)을 보냈더니 수사가 지난 19일 성으로 들어가 지킬 계획으로 고성현 지경에 배를 대자 전날의 왜적 1백여 명이 배반한 백성들을 거느리고 재차 와서 성을 점거하였으므로 결국 들어가지 못 하였습니다."라고 성을 빼앗긴 내용도 기술했다.

 그리고는 "우수사(右水使) 원균(元均)은 군영을 불태우고 바다로 나가 다만 배 한 척만을 보전하였습니다. 병사와 수사는 한 도(道)의 주장(主將)인데 하는 짓이 이와 같으니 그 휘하의 장졸(將卒)들이 어찌 도망하거나 흩어지지 않겠습니까. 양산(梁山)의 가장(假將) 밀양부사(密陽府使) 박진(朴晉)도 창고와 병기(兵器)를 불태우고 도망하였습니다."라고 적나라한 보고를 했다.

이뿐 아니라 유성룡의 〈징비록〉에는 "경상우수사 원균은 왜군의 배를 보고 겁에 질려 3척을 남기고 80여 척의 배를 자침시킨 후 군대를 해산하였다. 그리고 자신 또한 도망가려고 하자 부하 이영남이 말리며 '군인의 임무는 이기든 지든 적과 싸워 나라를 지키는 데에 있습니다. 당장에 적의 수에 당황하여 나머지 부대마저 해산하여 도망친다면 상감께서는 필히 이에 대해 문책하실 게 분명합니다. 청하건대 전라좌수사 이순신에게 도움을 요청하는 게 최선책 일듯합니다.'"라고 기록한 내용도 있다.

하지만 선조는 원균을 총애했다. 계속된 신하들의 원균 탄핵을 왕권에 대한 도전으로 간주하기까지 했다. 이는 선조의 이순신에 대한 열등감의 발로였을 것이다. 선조의 열등감은 임진왜란 후 원균을 이순신과 같은 반열인 선무공신 1등에 책봉할 정도로 집요했었다.

선조의 열등감은 이순신이 공을 세우면 '장수가 전쟁에서 이기는 것은 당연한 것'이라 평가절하하고 원균이 탄핵을 받을 때는 그를 적극 옹호하는 이중성으로 드러난다. 따라서 선조의 이러한 이중성을 간파한 원균은 능력이 부재함에도 편집광적으로 전공을 탐했다. 이순신과 원균 사이 불화의 가장 큰 이유가 바로 원균의 전공에 대한 집착 때문이었다. 군인으로서는 이순신과 그 어떤 면에서도 비교가 불가능했던 원균은 전공에 대한 집착만큼은 이순신을 확실히 능가했다.

이순신은 원균이 전투보다 죽은 적의 수급을 모으는 일에 더 관심이 많다고 불평했고, 원균은 함께 싸웠음에도 이순신이 조정에 올리는 장계에 자신의 전공은 쏙 빼놓았다고 반발했다. 최전선에서 벌어지는 두 야전 사령관의 반목을 조정에서는 적전분열 조짐으로 여기면서 불안해한다.

결국 사태는 원균을 육군인 충청도병마절도사로 전출시키는 것으로 마무리된다. 그러나 충청병사로 보직이 바뀐 원균은 왜적의 침입에 대비한답시고 청주의 상당산성(上黨山城)을 수리했으나 무리한 공사로 인해 많은 원망을 들었고, 그나마 백성의 고혈을 짜내 수리한 성이 완성 직후 비가 오자 다시 무너져 버리는 황당한 사태까지 일어난다.

원균은 또다시 사헌부에서 탐욕스럽고 포악하다는 등의 죄목으로 탄핵을 받았다. 그래도 원균에겐 선조라는 강력한 응원군이 있었다. 선조의 이순신에 대한 열등의식은 맹목적인 원균 편애에 그치지 않고. 이순신의 파멸과 원균의 화려한 부활로 이어지게 된다.

한산도에서 궤멸적 패배를 당한 도요토미 히데요시는 충격에 휩싸인다. 또다시 이런 치욕스런 패배를 겪을 수는 없었다. 싸우기만 하면 지는 군대가 패배하지 않으려면 싸우지 않는 게 최선이다. 그래서 도요토미는 일본 수군에게 '해전금지령'을 내린다.

도요토미 히데요시의 명령을 받은 일본 수군은 육군의 엄호가 가능한 부산진에 틀어박혀 꼼짝도 않고 버티는 전술로 작전을 바꾼다. 싸움 자체를 회피하는 작전은 이순신으로도 대처할 방법이 없었다. 육군과의 협동작전으로 왜군을 바다로 몰아내지 않는 한 이 상황을 타개할 방법은 없기 때문이다. 그 결과 남해안 전선은 교착상태로 빠지게 된다.

하지만 선조와 조정은 이순신에게 부산진에 틀어박힌 일본 수군을 몰아내라는 명을 내린다. 개전 보름 만에 도성을 버리고 도망치는 것도 모자라 임금이 명나라로의 망명까지 진지하게 고민했을 정도로 무능함의 극치를 보였던 조선 조정은 그들의 치부를 가리려는 듯 전선 교착의 책임을 이순신에게 전가하며 무리한 출병을 강요한 것이다.

여기에 원균도 이순신은 하시라도 빨리 적의 본거지인 부산진으로 진격해야 할 것이라며 한몫 거든다. 요즘으로 치자면 육군 야전사령관(충청병사)이 해군 총참모총장(삼도수군통제사)의 작전을 훈수한 것이다. 하지만 이순신은 완고했다. 이길 수 없는 전쟁의 출병은 병사들의 목숨만 희생시키는 것이라며 출정을 거부했다. 하지만 얌전히 있을 선조와 조정이 아니었다.

이순신에 대한 선조의 열등감, 전란 중에서도 조정에서 가시지 않았던 당쟁의 소용돌이, 그리고 정치적인 처신과는 거리가 멀었던 이순신의 완고함 등이 뒤엉켜 이순신은 결국 항명죄 등 여러 죄목으로 파직되어 사형당할 위기에 처하게 된다.

정탁의 상소로 간신히 사형은 면했지만 이순신은 모든 관직이 박탈된 상태에서 백의종군하라는 명을 받는다. 이순신의 파면은 원균에겐 다시없는 기회였다. 드디어 선조에게 열등감 해소의 기회가 왔다, 그는 이순신의 자리에 주저 없이 원균을 앉힌다.

처음부터 원균은 싸움보다는 이순신의 뒤를 따라다니며 죽은 적의 수급을 베어 그것으로 전공을 쌓는 일에만 능숙한 군인이었다. 하지만 '자리가 사람을 만든다.'는 말이 있는 것처럼 원균 또한 과정이야 어떠했든 수군의 총지휘관이라는 기회를 잡게 되었을 때, 직위에 걸맞는 군인의 본분을 다하기 위해 최선을 다했다면 임란의 역사도, 원균에 대한 평가도 전혀 달라졌을지 모른다.

아니, 차라리 예전 그의 모습처럼 집요하게 전공에만 집착했어도 칠천량해전의 비극은 일어나지 않았을 수도 있었다. 그러나 이순신의 자리를 차지한 원균은 이제까지와는 전혀 다른 행동을 보이기 시작했다. 그것은 수군 안에서 이순신의 흔적을 지우는 일과 삼도수군통제사라는 지위를 누리는 것 두 가지였다.

원균은 부임 직후 이순신의 참모와 측근을 모두 내쳤으며(이들은 이순신의 승전을 경험한 역전의 베테랑들이다), 관사에 틀어박혀 마치 전쟁을 잊은 듯 첩과 더불어 주지육림으로 세월을 보낸다. 수군은 기강이 해이해져 갔으며 사기도 무너졌다. 탈영병이 속출하면서 전력은 급속히 약해졌다. 수군의 실정은 이런데 조정은 원균에게 출병을 명한다. 이는 이순신의 파직 이유가 출병 거부였기 때문에 당연한 수순이었다.

그런데 조정의 출격명령에 대해 원균은 '수륙합동으로 적을 몰아내야지 수군 단독으로 항구에 틀어박힌 적을 공격하는 것은 무리'라는 반응을 보인다. 바로 이순신이 출병할 수 없다고 말했던 이유와 정확하게 일치한다.

이순신의 전례를 따르자면 조선 조정은 원균도 파직하고 사형에 처하든지 백의종군을 시켜야 했다. 그러나 원균마저 내치면 수군을 책임질 사람이 없는 상황이었다. 그래서 원균을 기다리고 있었던 것은 파직이나 백의종군이 아닌 도원수 권율의 곤장세례였다. 현대 직급으로 치면 합참의장이 해군참모총장을 불러다가 부하들 면전에서 '빠따'를 친 것이다.

참모총장이 합참의장에게 '빠따'를 맞았다. 이 사건 하나로 원균은 조선 수군의 리더가 될 수 없는 존재로 전락했다. 통제사로서 그런 말도 안 되는 수모를 당했다면 그 자리에서 자결을 하든, 사직을 하는 것이 무인의 명예를 지키는 상식적인 행동이었을 거다. 아니, 죽고 싶어도 죽을 수 없는 전시의 지휘자라는 믿음이 원균에게 있었다면, 곤장을 맞으면서도 '나를 죽여도 절대로 무리한 출병은 안 된다.'라는 목숨을 건 항변이라도 했어야 옳았다. 그러나 원균은 지휘관이 취할 수 있는 선택 중 최악의 선택을 한다. 이길 수 없는 전쟁인 줄 뻔히 알면서 출병을 한 것이다. 원균은 결국 전 병력을 총동원하여 부산 방면으로 출격한다.

그러나 이미 이순신에게 혹독한 시련을 겪은 일본 수군은 이성을 잃은 원균이 상대할 수준을 넘어선지 오래였다. 부산 인근 해역에서 좌충우돌 소모전을 반복하던 원균의 조선 수군은 마침내 퇴각을 결정하지만, 운명의 칠천량에서 진로를 차단한 일본 수군에 의해 진퇴양난의 처지에 빠진다.

여기서 원균은 또다시 수모를 당한다. 권율에게 소환당해 거듭 곤장을 맞은 것이다. 이제 원균은 선택할 수 있는 길이 없어져 버렸다. 나아가자니 아군의 전력은 이미 소진된 상태, 그렇다고 퇴각하자니 기다리는 것은 권율의 곤장. 원균은 그냥 칠천량에 눌러 앉아버린다.

당시 조선 수군이 일본 수군을 압도한 전술적 요인은 원거리 포격과 충돌 전술이었다. 하지만 칠천량 같은 좁은 해역에서는 조선 수군의 전술적 우위는 전혀 발휘될 수 없다. 우리 안에 갇힌 양떼와 같은 신세가 되어버린 칠천량의 조선 수군은 수적 우위를 앞세운 일본 수군이 구사한 근접 포위전으로 전멸한다.

이 전투에서 삼도수군통제사 원균도 전사한다. 그러나 그가 죽음을 맞이한 곳은 바다도, 자신의 기함도 아닌, 도망치다 지쳐서 주저앉은 육지의 소나무 아래였다고 전해진다. 휘하의 함선과 수군이 전멸하는 상황에서 혼자 바다를 빠져나와 도망치다 죽은 것이다.

2015년~2016년 대한민국 원내 제1야당 문재인 대표는 누가 뭐래도 그 시기 정치권에서 자타가 공인하는 야권의 맹주였다. 하지만 그가 당권을 잡은 이후 야권은 단 하루도 조용할 날이 없었다. 문재인 대표의 리더십 때문이다. 그나마 그 리더십은 2015년 4.29 재보선을 통해 붕괴되었다. 이처럼 당 대표의 리더십이 붕괴된 상황에서 당원도, 소속 국회의원도, 지지층마저도 그가 이끄는 당에 신뢰를 보내지 않았다. 때문에 2015년 4.29 후 다시 치러진 10.30 재보선에서 궤멸적 패배를 당했다. 그것도 자신들의 안방이라고 자신만만해 하던 지역에서 당한 패배였다.

이 패배는 야당에게 있어 원균이 칠천량에서 당했던 패배보다 더 치명적인 패배였다. 그리고 이 패배의 시시비비에 얽힌 야권의 내분은 야당의 동력을 끊임없이 갉아먹는 고질적인 병리현상이 된 지 오래였다. 그 내분의 이유는 모두가 대표인 문재인에 얽힌 시시비비들이다. 그를 비판하는 야당 지지자들은 문재인의 정치적 업적이 무엇인지 알지 못한다.

하지만 친노 정파는 '노무현의 친구' '참여정부의 대통령 비서실장'이라는 경력으로 그를 노무현의 아바타로 인식하며 그를 야권의 수장으로, 차기 대통령 후보로 옹립하려는 야욕을 결코 감추려 하지 않는다. 그러나 팬덤들의 광적인 지지와는 달리, 정치를 시작한 문재인은 데뷔 이후 스스로 단 한 가지도 주목할 만한 정치적 업적을 남기지 못했다. 더욱이 노무현을 보좌하던 자리에서 그가 보여준 행동들은 전쟁터에서 적의 수급 찾기에 혈안이 되었던 원균의 모습과 별반 다르지 않았다.

김대중 세력의 전폭적 지원으로 정권을 잡은 노무현 대통령의 핵심 측근으로서 김대중 구속수사도 가능하다는 뉘앙스의 발언을 한 점이나, 호남의 뜨거운 지지로 탄생한 참여정부를 일컬어 서슴없이 '부산정권' 운운하던 정치적 처신은 지역주의 타파를 모토로 집권한 노무현의 뒷전에서 오히려 지역주의를 선동하는 작태와 다름없었다.

문재인만 문제가 있는 것이 아니다. 대통령이 된 노무현 당사자도, 그 노무현을 신적 존재로 추앙하면서 현재 문재인을 옹립하고 호위하는 친노 정파의 문제가 더 심각하다. 노무현과 친노 정파는 지난 반세기 이상 영남패권에 기반을 둔 반민주 독재세력과 불굴의 의지로 투쟁하여 수평적 정권 교체와 정권 재창출이라는 쾌거를 이룩한 호남인과 호남 정치세력을 '지역주의 정치'라는 한마디로 모욕하고 평가 절하하는 것으로 야권 기득권을 유지하려 했다. 이는 근본적으로 야권을 하나로 뭉치게 하는데 부정적 요소로 작용했다.

그들이 자신들의 주장대로 '지역정치를 타파하길 원하는 영남의 진정한 양심 진보 세력'이라면 호남의 지역정치를 추궁하고 비판하기 전에 자신들의 정치적 고향인 영남과 영남인들에게 양심과 진보의 정치적 자각을 깨우치게 하면서 영남의 지역정치를 비판하고 타파하겠다는 정면승부를 해야 할 역사적, 시대적 소명이 있었다. 하지만 그들은 그 소명을 철저히 방기하고 아이러니하게도 호남을 자신들의 정치적 연고지로 삼아 왔다. 호남의 힘이 필요할 때는 '민주주의의 성지'라고 칭송하다가, 자신들의 세력에 대항할 호남정치세력이 태동하려 하거나 당 안에서라도 호남출신 정치인이 성장하려 하면 '지역정치의 폐해, 호남기득권 정치 타파'를 주장하며 호남지역과 그 정치인들을 지역정치의 화신으로 몰아갔다.

즉 자신들이 호남을 지배하고 있을 때의 호남은 민주주의의 성지이지만, 호남인을 지지하면 호남 기득권 챙기기라고 비판하는 것이다. 이는 자신의 위수지역인 영남을 포기하고 도망쳐 와 이순신에게 몸을 의탁하며 이순신의 수하로 싸우면서도 전공에 대한 탐욕을 결코 숨기려 하지 않았던 원균의 처신과 일맥상통한다.

원균이 이순신에게 느꼈을 열등감의 처절함이, 소위 영남 진보세력이라 참칭하는 친노 정파가 호남 정치세력에게 느끼는 열등감과 비교하여 결코 그 정도가 더하면 더했지 덜하지는 않았을 것이라는 점은 쉽게 상상이 가능하다. 이 같은 원균의 이순신에 대한 열등감은 전선 교착에 궁극적 책임이 없는 이순신 실각에 중요한 동력으로 작용한다. 마찬가지로 지역주의 정치의 고착은 영남패권주의의 무한책임임에도 친노 정파는 자신들의 열등감 해소를 위해 대한민국 민주주의 수호의 고귀한 자양분인 호남인과 호남 정치세력을 지역주의의 가해자로 둔갑시키는 정치적 만행을 서슴지 않았다.

그 결과 오늘날 호남 정치세력은 친노 정파의 눈치나 보는 팔푼이 신세로 전락해 버렸다. 백보를 양보하여 과정의 역겨움은 논외로 친다고 하자. 이순신을 몰아내고 기회를 잡은 원균에게는 분명 임진왜란의 판도를 바꿀만한 밑천이 있었다. 이순신이 피와 땀으로 키워낸 역전의 조선 수군이 바로 그것이다. 그러나 원균은 그 밑천을 이 땅을 침탈한 왜적을 몰아내는데 사용하지 못했다. 통제사가 된 후 원균이 집착한 일들은 조선 수군에서 이순신의 체취를 송두리째 지워버리는 일이 먼저였다. 그리고 첩을 끼고 주지육림으로 세월을 보내면서, 최전선의 장수임에도 전쟁을 잊고 권력의 단맛을 탐닉할 뿐이었다.

그에 관한 기록은 유성룡이 쓴 〈징비록〉에 생생하다. "이순신이 실각하고 삼도수군통제사가 된 원균은 친척 안중홍에게 '이 직책이 영광스러운 것이 아니라 오직 이순신에게 치욕을 갚은 것이 통쾌합니다.'라고 말했다는 내용 외에도 다음과 같은 내용도 있다.

"이순신은 한산도에 있을 때 운주당(運籌堂)이라는 집을 짓고 밤낮으로 그 안에 거처하면서 여러 장수들과 전쟁에 관한 일을 함께 의논했는데, 비록 지위가 낮은 군졸일지라도 전쟁에 관한 일을 말하고자 하는 사람에게는 찾아와서 말하게 함으로써 군중의 사정에 통달했으며, 매양 전쟁할 때마다 부하 장수들을 모두 불러서 계책을 묻고 전략을 세운 후에 나가서 싸웠기 때문에 패전하는 일이 없었다. 원균은 자기가 사랑하는 첩과 함께 운주당에 거처하면서 울타리로 당의 안팎을 막아버려서 여러 장수들은 그의 얼굴을 보기가 드물게 되었다. 또 술을 즐겨서 날마다 주정을 부리고 화를 내며, 형벌 쓰는 일에 법도가 없었다. 군중에서 가만히 수군거리기를 '만약 적병을 만나면 우리는 달아날 수밖에 없다.'라고 했고, 여러 장수들도 서로 원균을 비난하고 비웃으면서 또한 군사 일을 아뢰지 않아 그의 호령은 부하들에게 시행되지 않았다."

이처럼 전쟁을 잊은 원균에게 독전 명령이 떨어진다. 하지만 그 명령은 잘못된 명령이었다. 그는 항명했지만 그것은 부당한 명령에 대한 문제제기가 아닌 싸우기 싫은 비겁자의 두려움 때문이었다. 그래서 그는 항명의 대가로 능욕을 당한다. 능욕 당한 리더로서 그가 지켜야 할 것은 자신의 명예와 부당한 명령으로 희생당할 것이 빤한 부하들이었다. 하지만 그는 그 어느 것도 지키려 하지 않았다. 그가 잡으려 했던 것은 오로지 '이순신에게 치욕을 갚으려고 한' 삼도 수군통제사라는 감투뿐이었다.

이는 참여정부 이후 야권의 패권을 차지한 문재인 이하 친노 정파가 보여준 행태와 무서우리만큼 일치하는 양상을 보인다. 그들은 자신들을 지지한 호남의 정치적 기대를 완벽하게 무시한 채 야권에서 김대중의 호남 정치세력을 축출하는 일에 매진했다. 정권을 잡기 위해 김대중의 힘 그 세력을 이용했지만 그것은 '호남에 대한 치욕을 갚으려고 한' 탐욕적 권력욕일 뿐이라고 말할 수 있다는 것이다.

야권의 패권을 가진 친노 주류세력에 소속된 정치인들에게 2015년에만 나타난 여러 비리사건에서 보듯 이 세력은 야권 주류로서의 권력의 단맛을 만끽하는 데에도 주저함이 없었다. 그러나 여권을 상대로 한 정치투쟁에서는 단 한 번도 제대로 이겨보지 못했다. 오로지 야권의 맹주라는 기득권 수호에만 무서운 집착을 보일뿐이다.

그것이 친노 세력이 야권 주류가 된 지난 10년 야당의 정치다. 그 10년 세월을 그렇게 보낸 결과는? 보는 바 그대로다. 대한민국 헌정 역사상 최악, 최약체의 야당을 우리는 목격하고 있는 중이다. 2015년 치러진 두 번의 재보선은 문재인 대표가 야당의 수장으로 치른 의미 있는 정치적 이벤트였지만 4월 29일 안방이라고 자임하던 광주와 관악, 성남 선거구 그리고 여권에서도 약체 후보라며 패배를 염려했던 인천 강화에서 참패하는 수모를 당했다. 그리고 다시 10월 30일 그보다 더한 패배를 호남에서는 물론 전국에서 경험했다.

자신들의 무능을 질타하고 도전한 정치인을 잡으려고 그동안 자신들이 구세력, 호남 기득권 세력이라고 폄하했던 동교동계 정치인들에게 구걸이나 다름없는 도움을 청했음에도 호남의 민심은 철저히 문재인과 친노 정파를 외면했다. 이 결과는 차기 대선 야권 후보 부동의 지지율 1위라는 문재인 대표의 정치적 위상을 적나라하게 보여 준 일이라 하지 않을 수 없다.

능력이 있는 사람은 자리에 연연하지 않는다. 자신이 그 자리에 앉지 않더라도 최악의 위기상황이 도래할 때, 사람들은 자리에 앉아 있는 무능력자 대신 상황을 타개할 가장 유능한 사람을 최우선으로 찾을 수밖에 없기 때문이다. 선조로부터 선조가 총애하는 조선 조정 주류가 이순신을 파멸시키는데 공모했지만, 그의 백의종군 기간은 4개월 남짓, 결국 임금을 위시한 조정 전체가 조선의 운명을 다른 누구도 아닌 이순신에게 의지하게 된다. 바로 선조가 죽여 버릴 듯 분노했던 그 이순신에게 말이다.

원균은 곤장을 맞는 수모를 당하면서까지 구차하게 그 자리를 지켰다. 조선 수군 전체가 몰살되더라도 삼도수군통제사는 자신이어야 했다. 그래서 권율에게 곤장을 맞더라도 원균은 여전히 삼도수군통제사였다. 그러나 그 순간부터 원균은 조선 수군의 리더가 될 수 없었다. 이순신은 모함으로 저격을 당하고 실각, 백의종군을 했음에도 묵묵히 때를 기다렸다.

문재인은 여전히 제1야당 대표라는 완장을 차고 있지만 적어도 2015년 4월 29일 그날로부터 야권 리더로서는 이미 죽은 것이나 다름없었다. 그럼에도 혁신위니 재신임이니 하는 기만적 정치 이벤트를 방패막이 삼아 기득권을 포기하길 거부했다. 그래서 결국 조직의 해체까지 몰리는 위급함을 당하는 과정을 경험하고 있다.

외부 모든 우호 세력의 지원을 받지만 그가 위기를 수습할 수 없음은 선조와 조정의 전폭적 지지를 받음에도 실패하고 죽은 원균을 생각하게 한다. 화려함과는 전혀 다르게 하루가 다르게 안에서부터 곪아가는 문재인의 리더십을 회복시키기 어려울 것 같기 때문이다. 따라서 후세의 우리가 원균을 절대로 이해할 수 없듯이 후일 우리의 후세들도 2015년 제1야당과 문재인 대표를 이해할 수 없을 것이며 그런 지도자를 세력 전체의 지도자로 옹립하고 호가호위하려는 친노 세력도 이해할 수 없을 것이다.

임진왜란을 공부하고 조선 역사를 공부한 후세들에게 백의종군의 이순신은 영웅이지만, 통제사 감투를 벗은 원균은 추한 사내에 불과하다는 사실이 그대로 각인되어 있다. 비록 원균 재조명설을 이야기하면서 원균도 훌륭한 장군이었음을 주장하는 사람도 없지는 않지만, 다수 국민들 마음속에 원균은 훌륭한 장군이 아니었다는 생각이 아로새겨져 있다는 사실과 실제 기록들은 원균 재조명파가 넘을 수 없는 한계이기도 하다.

그렇다면 백의종군도 불사한 이순신에게는 있었지만 죽는 순간까지 통제사 감투에 집착한 원균에게는 없었던 것은 과연 무엇이었을까. 그것은 바로 '군인으로서의 역량'이었다.

싸움터에서 부하들은 본능적으로 자기를 살아남을 수 있게 하며 이기게 해줄 수 있는 지휘관을 따르게 된다. 평시에는 처세술과 인맥과 뇌물로 승진이 가능할지 모르겠지만, 실전에서는 오로지 전투의 결과가 모든 것을 결정할 뿐이다. 그래서 이순신은 백의종군을 불사했음에도 위대한 영웅이 되었고, 원균은 삼도수군통제사의 계급장을 움켜쥐고 죽었어도 역사 속 경멸의 대상으로 전락했다.

2015년 정치권에서 정동영, 천정배 그리고 안철수는 문재인 대표가 이끄는 제1야당으로서는 정권창출이 불가능하다며 탈당을 결행했다. 그들은 정치인이 누릴 수 있는 달콤한 기득권 중 하나인 거대 정당 브랜드 자체를 거부한 것이다. 따라서 그들에게 남은 기록 하나는 탈당파란 당적이탈 기록이다. 우리 정치인들에게 이 기록은 결코 우호적 기록이 아니다. 하지만 이를 알면서도 탈당이란 행동을 감행케 한 진정한 이유는 무엇인가?

첫 번째는 무엇보다도 현 야권에 대한 처절한 위기의식이었을 것이다. 그렇다면 두 번째는? 그렇다. 그들은 적어도 자신의 역량에 대한 자신감과 믿음이 있다는 것이다. 물론 정동영의 선택은 실패로 끝났다. 하지만 천정배는 보선에 승리하고 신당을 창당하며 바람몰이에 시동을 걸었다. 안철수 또한 이제 시작이지만 '강철수'라는 별명을 얻으며 야권 외연확대라는 새로운 변화를 주도하고 있다.

하지만 문재인과 친노 정파는 차기 총선에서 여당 압승과 야권의 개헌 저지선을 지킬 힘도 없다고 평가받지만 끝내 야당의 대표자리를 고수하고 있다. 그러면서 앵무새처럼 야권 통합이라는 주문만을 되풀이할 뿐이다.

400여 년 전에도 그랬다. 조선의 삼도수군통제사는 딱 한 명뿐이었다. 그러나 그 자리를 죽어도 포기하지 못했던 무능한 장수는 조선 수군을 단결시켜 왜군을 무찌르기는커녕, 조선을 파멸로 몰고 갈 뻔 했던 패전의 주역이 되었을 뿐이다. 왜? 원균에게는 역량 자체가 없었기 때문이다.

따라서 야권이 문재인을 계속 용인한다면 칠천량의 조선 수군처럼 아무런 이유도 모른 채 야권 전체가 수장당하는 참담한 대가를 치르게 될 것이다. 결국 우리가 지금 할 일은 선조와 그에 아부하는 조정대신, 그리고 자신의 역량보다 전공과 자리를 탐하는 원균류가 몰아낸 이순신을 찾아나서야 한다. 칠천량에서 궤멸적 패배를 당한 조선 수군에게 그나마 패잔병과 12척의 배가 남았듯이 그만큼이라도 남겨둬서 그로 인해 그 자산으로 명량해전의 승리를 일궈내도록 할 수밖에 없다.

2. 감히 우리를 업신여기지 못할 것이다
명량해전, 이순신 혼자 이룬 것이 아니다

불멸의 지도자 이순신, 이순신은 명량해전 이전에도 훌륭한 장수였으며 수많은 전투에서 일본 수군을 물리친 불멸의 기록을 세웠다. 그러나 그의 전공 중 가장 이순신다운 전공은 명량해전이다. 정유재란 초기 원균의 패전으로 조선이 상실한 제해권을 되찾았다는 전술전략적 의미뿐만이 아니라 그 전투에서 그가 장렬하게 전사해서가 아니다. 그는 아주 무너진 군대, 장비도 없는 군대, 병참지원도 없는 군대를 가지고 기세등등한 적을 물리쳤다.

그의 전공인 13척의 전함으로 왜군 300여 척을 물리친 것, 하지만 여기서 우리가 간과해서는 안 되는 역사적 사실이 있다. 그 배 13척에 담긴 진실이다. 그 배들은 과연 어디서 왔을까. 그 중 12척이 경상우수사 배설(裵楔)이 칠천량 해전 당시 도피하면서 숨겨놓은 전함들이었다. 나머지 한 척은 이순신이 나중에 찾아서 채웠다. 그래서 이순신이 가진 전함은 합계 13척이 되었다.

이순신이 이처럼 흩어진 전함과 흩어져 숨은 수군들을 찾아다닐 때 칠천량 패전의 손실이 크다며 선조는 수군을 폐지하려고 했다. 여기서 이순신이 지금도 유명한 장계를 올려 수군 폐지 불가론을 펼쳤다.

"신에게는 아직도 전선 12척이 남아 있나이다. 죽을 힘을 다하여 막아 싸운다면 능히 대적할 수 있사옵니다. 비록 전선의 수는 적지만 신이 죽지 않은 한 적은 감히 우리를 업신여기지 못할 것입니다."

설득된 선조는 수군 유지를 허하고 이순신은 남해안 일대를 돌아다니며 흩어진 병사들을 모아 수군 재건에 전력을 다했다. 당시 이순신이 모은 수군들은 후일을 도모하며 숨어서 훈련하고 실력을 기른 군인들이 아니었다. 무능하고 비겁한 원균의 지휘로 수군이 전멸할 상황에서 목숨이나 건지자며 적전 도피죄를 저지른 오합지졸이었다.

그러나 이순신은 '묻지도 따지지도 않고' 그들을 모아 수군을 재건하고 전선에 세웠다. 그들이 믿음직스럽고 예뻐서가 아니었다. 쓸 만한 군인이라곤, 가용할 무력이라곤 그것밖에 없었기 때문이다. 그리고 오합지졸 그들과 함께 명량해전 승리라는 역사의 기적을 창조했다. 그것이 지도자의 힘이다.

명량해협까지 밀고 올라 온 왜군은 조선 수군의 재건을 기다려 주지 않았다. 칠천량 해전의 승기를 몰아 노도와 같이 쳐들어왔을 뿐이다. 그러나 충무공은 내가 키운 정예군은 원균이 다 말아먹었다는 푸념을 늘어놓진 않았다. 충무공은 적전도피자, 패잔병 집단을 거느리고서도 싸움을 포기하지 않았다.

그 오합지졸들이 명량해전을 승리로 이끈 원동력은 그저 슈퍼스타 충무공 한 사람 때문이었을까. 아니다. 군인 신분도 아니었지만 침략자 왜군으로부터 나라를 지켜야 한다는 생각 하나로 똘똘 뭉친 호남 민중들의 적극적 도움이 절대적이었다. 이순신의 '약무호남시무국가'란 말은 그냥 나온 것이 아니다.

진도의 민속놀이 강강수월래에 얽힌 비화, 목포 유달산의 노적 봉에 얽힌 비화는 비화만이 아니다. 병력의 수가 많고 군인들의 사기가 충천하게 보이려는 작전이 강강수월래인데, 집에서 빨래 하고 바다에서 미역 따고 조개 캐는 여자들을 동원, 병영의 횃불 아래에서 뛰어 놀게 한 것이다. 장군이 시킨다고 그대로 한 지역주 민들, 이는 말 그대로 민군합작의 제대로 된 사례다.

노적봉도 마찬가지다, 산꼭대기 봉우리에 이엉을 덮으라는 장 군의 지시를 그대로 따라 한 지역 주민들의 나라를 지키고자 하는 애국심이 아니면 해낼 수 없는 일이었다. 그리고 이 모든 일이 칠천량 해전에서 대승을 한 왜군이 이제는 거칠 것이 없으리라고 밀고 올라오게 한 뒤 눈속임으로 왜군을 급하게 만들어서 조류의 역류라 하더라도 무모하게 진격하게 만들려는 작전을 위해 꼭 필 요한 일들이었다. 병력도 많고 군량미도 풍부하고 동원된 어선의 수를 함선으로 오인하게 하는 작전, 이를 충실히 따른 지역 주민 들... 명량해전은 하나의 드라마다.

원내 제1야당은 2015년 4.29재보선 패배로 인한 당 내분으로 2015년 나머지 기간을 당력을 소진하는데 썼다. 내분을 정리한다 며 혁신위를 만들고 혁신위가 당을 바꾸는 혁신안을 내놓지만, 그때마다 내분은 오히려 깊어졌다. 이는 당의 지도자가 문제의 핵심을 파악하지 못했기 때문이다. 핵심을 파악한 이순신은 없는 전력을 있게 보이면서 적에게 혼란을 줬지만 핵심을 파악하지 못 한 당 대표는 엉뚱한 해결책을 제시하게 되고 결국 문제 해결이 아닌 아군의 분란을 더 일으킨 것이다.

그래서 분란이 더 깊어지자 당 내분을 수습하겠다며 당의 차기 대선주자로 불리는 문재인 안철수 박원순 등의 3인 공동 지도체제를 제안했으나, 이 또한 내분의 근본적 해결이 아닌 봉합의 책략에 불과하다는 평가를 받으며 당사자인 안철수 전 대표의 불응, 그리고 끝내 탈당에 이르게 하는 결과를 낳았다.

안 전 대표의 거부가 아니라도 이 안의 허점은 한두 곳이 아니다. 일단 지도자의 성향이 극명하게 다름에 따라서 그 지도자를 따르는 지지층도 극단적으로 대립하게 되는데, 이런 상황들이 조기에 해결되기는 어렵다. 이런 이유로 인해 이 공동지도체제는 실패로 이어질 가능성을 안고 있었다.

만약 이런 문제로 인하여 공동지도체제가 붕괴된다면, 그 다음 대안은 없어지게 된다. 그뿐 아니라 당과 진영의 자산이라는 대권 후보들이 모두 상처를 입게 되므로 추후 대선까지 문제를 야기할 수 있는 위험한 안이기도 하다. 만일 그렇게 될 경우 현재 야권 정치세력을 황폐화시킬 수 있기 때문에 이 안은 성사되지 않은 것이 차라리 야권을 위해 나은 방법이다. 다시 말하지만 핵심을 파악하지 못한 지도자의 실책이다.

김대중을 대통령으로 만들었던 호남 유권자들이 2002년 노무현을 지지했던 이유의 본질, 즉 호남인들의 '기적의 역사에 대한 희망과 기대'는 노무현이 자신을 대통령으로 만든 세력을 양분시키면서 전임자 죽이기에 나섰을지라도 놓을 수 없었다. 노무현은 이런 기대를 가진 호남의 약점을 철저히 이용했다.

민주당을 쪼개서 열린우리당을 창당했다. 그래도 호남은 열린우리당을 다시 밀었다. 이 또한 '기적의 역사에 대한 희망과 기대'였다. 그러나 서글프게도 '기적의 역사'는 결국 노무현에서 종결되었고, 다시는 그 같은 '기적의 역사'를 기대할 수 없는 상태가 되고 말았다. 그 노무현에 의해서다.

새누리당이 지금 같은 무소불위의 권력을 창출한 배경에는 헤아릴 수 없이 많은 비열한 반칙과 비겁한 암수가 난무했었다. 따지고 보면 그런 비열한 반칙과 비겁한 암수를 용인한 권력이 바로 노무현 권력이다. 노건평-이상득 라인, 즉 형님라인의 밀약 같은 것을 전혀 믿지 않는다고 해도 BBK와 관련된 이명박 동영상 한편만 제대로 수사했다면, 이명박 정권은 탄생할 수 없을 지도 모른다.

원내 제1야당이던 새정치민주연합 원내대표와 비상대책위원장을 지낸 박영선은 2015년 발행된 자신의 저서 〈누가 지도자인가〉에서 "2007년 대선후보 경선에서 최종 승리한 정동영 후보가 그 전당대회 후 후보 확정을 노무현 대통령에게 전화로 보고한 뒤 얼굴이 백지장처럼 창백해졌다."고 적었다. 이어서 당시 정 후보의 얼굴 하나로 선거는 이길 수 없을 것으로 생각했다고 회고했다. 이 회고는 곧 노무현의 정동영 비토, 이명박 용인이란 간접화법이다.

박영선은 그 책에서 2007년 11월 무안공항 준공식에 참석한 노무현 대통령이 "호남 뭉치자는 말만 하며 저급한 말만 쓰는 호남지역 국회의원들과는 답답해서 일을 못해먹겠습니다."라고 발언하여 또다시 엄청난 반향을 일으켰다고도 적었다.

2007년 12월 19일이 대선일인데 현직 대통령이 대선 한 달여 전인 11월 8일 다른 곳도 아닌 전라남도 무안에서 다시 호남 정치인들을 비토 한 것이다. 이길 수 없는 대통령 선거. 참패는 기정사실이었다. 대선에 참패한 직전 여당은 다음 해 총선에서도 참패한다. 그럼에도 지금 문재인을 지지하는 친노 세력은 대선 참패는 정동영 탓, 총선 참패는 손학규 탓으로 돌린다. 하지만 그들이 어떻게 평가하든 상관없이, 정치평론가들 대다수는 참여정부에 대한 반감이 대선과 총선의 한나라당 압승으로 귀결되었다는데 거의 일치된 견해를 보이고 있다.

대통령을 배출하고 국회 원내 과반인 152석을 획득했던 여당이 권력을 빼앗긴 뒤 치른 총선에서 81석으로 줄어든 이 엄연하고 명백한 현실은 노무현 참여정부의 실패가 아니고는 설명할 수 없다. 그나마 81석을 지킨 주인공이 바로 '호남 유권자'였다. 이는 부인할 수 없는 사실이다. 호남 유권자들은 그 척박한 현실에서 81석을 반 한나라당 전선의 최후 교두보로 지켜냈다. 당시 81석은 매우 깊은 뜻을 함유하고 있다.

총선의 역사가 증명한다. 87민중항쟁 후 양김분열로 1987년 대선에서 패한 야권은 1988년 통일민주당과 평화민주당이란 양당으로 총선에 임했다. 이 척박한 환경에서 '호남야당' 평민당은 70석을 얻어냈다. 순전히 호남유권자의 힘이었다. 당시 평민당과 겨룬 '영남야당' 통일민주당은 59석이었다. 이 둘을 합하면 129석. 2012년 전 야권이 통합한 민주통합당이 얻은 127석과 비슷하다.

그런데 바로 1년 후 '영남야당'이 야권에서 떨어져 나가서 여권이 된다. '3당합당'이란 이름으로 거대여당 일원이 되더니 그 여당 주류가 된다. 이들과 겨루기 위해 '호남당' 평민당은 민자당 외 나머지 '영남야권' 세력과 통합을 추진하여 '통합민주당'을 만들었다. 그 결과는 1992년 총선의 97석이다. '호남당' 외에 27석을 불렸다.

하지만 이 세력은 1995년 다시 '호남당' 국민회의와 '비호남당' 민주당으로 분열한다. 결과는 '호남당'으로 출진한 새정치국민회의는 79석, '비호남당' 민주당은 15석, 합하면 94석. 단일 세력이면 이겼을 것이라고 예측하는 사람들이 많았지만, 그것은 가정일 뿐이며 실제는 앞선 민주당에서 3석만 줄어든 셈이다.

이 분열로 인하여 이들을 서로 적이 된다. 당시 '영남야권' 15석은 지금의 새누리당에 투항한다. 그리고 호남당 국민회의는 그 영남야권이 아니라 저쪽(현 여권 세력)에서 이탈한 이인제 세력 이종찬 세력 등과 합친다. 그렇게 합하여 2000년 총선에서 새천년민주당이 얻은 의석은 115석이다. 원래 '호남당' 세력(70~80석)에 비해 30~40석이 불어난 대 성과다. 당시 언론들은 패배라고 평가했지만 냉정하게 분석하면 '호남 주류 정당'으로선 대 성공을 거둔 셈이다. '영남야권'의 기득권이 있다는 이기택의 '민주당'과 아주 결별한 결과다.

여기서 우리는 정권재창출을 점칠 수 있다. 김대중의 집권을 통하여 호남은 '기적의 역사'를 경험했다. 연이어 115석이란 성적을 받아냈다. 이후 '기적의 역사에 대한 희망과 기대'를 충족할 후보로 노무현을 선택하여 다시 기적의 역사를 만들어 냈다. 그러한 희망과 기대가 있었기에 대북송금특검과 열린우리당 창당까지도 '용인'할 수 있었다. 2004년 열린우리당 152석의 근간도 이 모든 것에 대해 호남이 용인한 결과다. 열린우리당 152석이란 과반 의석의 기반은 누가 뭐래도 호남이다.

그리고 4년. 호남은 '기적의 역사에 대한 희망과 기대'에 대해 처절한 배반을 당했다. 앞서 박영선 의원의 저서에서 언급했듯이. 이후 호남은 오로지 '호남세력'으로만 남는다. 그 결과가 2008년 81석이다. 결국 호남만 두고 모두 흩어졌지만, 호남은 종자세력 81석을 지켰다.

1988년 평민당으로 남은 70석, 1996년 국민회의로 남은 79석, 2008년 민주당으로 남은 81석 등 8년 단위로 종자를 지킨 선거,

이것이 호남이 가진 브랜드 파워다. 그렇다고 이 '브랜드 파워'가 100퍼센트 순수한 '민주주의 사수'라는 원칙과 상식에 대한 의지의 소산이라고 말할 수는 없다.

호남도 호남의 이익을 위한 이익투표를 했으며 그 결과가 남긴 수확일 뿐이다. 따라서 이 70~80석은 거대여당의 독주와 횡포에 맞서 우리가 써먹을 수 있는 가장 유용한 무기라고 말할 수 있다. 이 유용한 무기를 '지역주의', '호남당' 등의 명칭이 싫어서 포기한다면 정권교체도 새로운 역사도 말하지 말아야 한다.

새누리당은 현 야권이 재건되기를 기다려주지 않는다. 약점을 집요하게 물고 늘어지며 노도와 같이 밀고 들어온다. 이미 순천에서 확보한 교두보를 통해 명량해협을 돌파하려고 한다. 누가 있어 절대방어선 명량해협을 지킬 것인가? 충무공 같은 슈퍼스타 한 사람이? 그것만으로는 절대로 불가능하다. 결국 답은 호남민중뿐이다. 그 오랜 세월 무서우리만치 탁월한 현실 인식으로 현 집권 보수 세력에게 맞서는 견제 세력을 잉태하는데 단 한 번도 실패한 적이 없었던 호남민중뿐이다.

호남은 '지금까지는' 적어도 '영남진보세력'이라고 말하는 '친노 그룹'이 영남 지역에서 한나라당을 견제할 만큼 충분히 성장하도록 기다려주면서 자양분을 제공했다. 이 자양분이 이른바 호남정서다. 그런데 어느새 '영남야권'이란 명찰을 단 '친노세력'이 호남 정서에 기생하여 정치업계에서 갑으로 군림하고 있다. 차라리 능력이라도 되면 좋겠는데 능력 또한 함량 제로다. 그럼에도 이들은 지금도 자신들의 '기생'을 호남 민중이 '용인'할 것이라고 믿고 있다. 이 믿음이 지금 제1야당 분란의 핵심적인 이유다.

반면 영남은 '이인제 학습효과'를 통해 더 철저히 뭉치고 있다.

그래서 가시적인 세월 내에 영남에서 '기적의 역사'가 이루어지는 것은 불가능하다. 그럼에도 정치를 종교의 영역에 올려놓는 사람들은 메시아의 강림을, 유토피아의 도래를 하염없이 꿈꾸며 호남 정서가 이전과 같아야 한다고 강요한다.

하지만 호남은 그 강요의 허구를 학습효과를 통해 깨닫고 거부한다. 순천과 광주, 관악과 성남에서 강하게 거부의사를 피력했다. 저들도 이제는 그 강요가 통하지 않음을 조금씩 인정하고 있다. 신당을 통한 호남의 독자생존설, 이런 이야기들이 그냥 단순한 상상들이 아닌 실현 가능한 악몽의 시나리오임을 피부로 느끼고 있다. 그들에겐 몰살을 의미하는 이 시나리오의 차단을 위해 그들은 무슨 일이라도 해야 했다. 그 결과가 지금 분란의 근원인 '말로만 혁신'이다.

2007년 대선 한 달을 앞두고 노무현 대통령은 전라남도 무안에서 "호남 뭉치자는 말만 하며 저급한 말만 쓰는 호남지역 국회의원들과는 답답해서 일을 못해먹겠습니다."라고 일갈했다. 호남이 다시 정권을 잡을 것이라고 생각하지 말라는 신호였다. 그리고 곧바로 "한나라당 집권해도 나라 안 망한다."는 '명언'까지 나왔다.

호남은 반 보수진영의 최후 최대의 교두보다. 이 한 가지 의미만으로도 호남은 절대적으로 인정받아야 하고 존중 받아야 마땅하다. 하지만 지금 야권의 주류로 행세하는 친노 세력과 호남의 아들을 참칭하는 문재인의 생각은 다른 것 같다. 그들은 호남이 자신들을 지지할 때만 민주주의 수호의 마지막 보루로서 존중 받을 자격이 있다고 생각한다. 어떤 이유라도 호남이 친노 세력에 대한 지지를 거둔다면 그 순간부터 지역주의 토호 세력으로 전락하고 마는 것이다. 그것은 바로 그들이 은연 중 호남정서를 협박하는 전가의 보도이기도 하다.

친노 세력의 이러한 의식구조는 본말이 전도된 아이러니이다. 호남이 절대 상수라면 친노는 호남의 지지를 견인하기 위해 부단한 정치적 노력을 경주하는 것이 맞다. 반면 친노가 절대 상수라면 친노가 100번 선거를 치러 100번을 깨지더라도 호남은 무조건 친노를 지지하는 게 맞다. 친노의 정치적 레토릭은 당연히 후자에 근거를 두고 있다. 그래서 때로 호남의 아들을 참칭하는 문재인은 때로 친노를 내치면 호남은 고립되고 말 것이라는 은근한 협박을 서슴지 않는다. 그들은 그런 식으로 10년을 호남에서 군림했다.

호남 출신 천정배는 필마단기로 거대 야당을 꺾는 기염을 토했다. 탈당 이후 안철수의 지지율은 호남에서 두드러지게 상승하고 있다. 이 모든 정치적 현상을 명쾌하게 설명할 수 있는 이유는 단 한 가지뿐이다. 야권 최후이자 최대 보루인 호남 민심과 호남정서가 문재인과 친노 정치세력에게 정치적 사망선고를 내렸다는 사실, 바로 그것이다.

문재인과 친노 세력을 비토 한 호남은 어쩌면 배설의 12척 전함 같은 적전도피의 오합지졸일지도 모른다. 하지만 충무공에게 그들은 조선 수군 전력의 전부이기도 했다. 그 한 가지 이유만으로 충무공은 그들을 군율로 처단할 대상이 아닌 최후의 일전을 함께 치를 전우로 받아들여 싸움에 임했다.

호남이 문재인과 친노에게 사망선고를 내렸다. 그 이유로 호남 민중은 지역주의의 노예로 비난받아야 하는가? 감히 그렇게 말하려면 영남 민주시민의 대동단결로 영남 민주세력을 자임하는 친노 세력이 현 집권 보수세력을 격파하는 '진정한 기적의 역사'부터 보여 주어야 할 것이다. 그것이 현실적으로 불가능하다면 호남 민중이 문재인과 친노를 지지하지 않는다고 호남기득권이니 호남 패권 등의 용어를 사용하면 안 된다.

원균의 수하에서는 적전도피죄를 저지른 탈영병이자 오합지졸에 불과했던 배설의 12척 함선과 수군들은 충무공의 부하가 되었다는 이유 하나만으로 세계해전사의 전설이 된 명량해전의 영웅들로 다시 태어났다.

현 보수 집권당을 무너뜨리고 정권을 되찾아 우리나라 대한민국을 지금보다 조금이라도 더 살기 좋고 행복한 나라로 바꾸어 보고 싶다면 나를 지지할 때만 호남의 정서가 민주주의 최후의 보루라는 모순부터 버려야 한다. 어떤 정치를 하는 것이 호남의 정서를 명량해전의 승리를 이끈 원동력으로 승화시킬 수 있을지 머리가 아닌 가슴으로 고민해야 한다. 그리하여 호남뿐 아니라 이 땅의 모든 민중이 나의 정치를 위한 소모품이 아닌, 나를 정치적으로 소모하는 지고의 존엄이 되어야 한다는 진리를 골수에 사무치도록 새겨 넣어야 한다.

3. 알려진 약점은 치명적이다
스페인 축구 몰락과 야당

2014년 브라질 월드컵. 직전 대회 우승팀이자 부동의 FIFA랭킹 1위 팀인 스페인이 조별리그 B조 2차전에서 칠레에 0-2로 무릎을 꿇었다. 이 패배로 월드컵에서 조기 탈락한 챔피언은 허무하게 챔피언 자리에서 내려와야 했다.

축구계는 이 사건을 2002년 한일월드컵에서 직전 대회 우승팀인 프랑스가 조기 탈락한 것보다 더 큰 이변으로 받아들이고 있다.

특히 스페인이 조별리그 예선 두 게임, 즉 180분의 경기를 하는 동안 필드골은 단 한 골도 없고 페널티킥으로 한 골만 얻은데 반해 무려 7골을 얻어맞은 점이 그랬다.

일곱 번째 골을 얻어맞은 세계 최고의 수문장이라는 카시야스, 그는 자신도 믿을 수 없는 듯 칠레전 막판 어리벙벙해 보이기까지 했다.

스페인. 브라질 월드컵 직전까지 부동의 FIFA랭킹 1위. 유로 2008, 2010 남아공월드컵, 유로 2012 제패까지. 이 4년간 세계축구계는 스페인 전성시대였다. 이 시기에 지구상에 스페인 대표팀을 막을 국가대표팀을 가진 나라는 없었다.

이니에스타 또는 에르난데스의 중원지휘로 시작되는, 중원에서

부터 차근차근 썰어 들어가는 스페인식 공격은 마치 잘 맞춰진 기계의 톱니바퀴와 같았다. 상대 수비수들은 속수무책 당했으며 이렇게 썰어 들어온 마지막을 토레스 등이 골로 해결했다.

2014년 브라질월드컵. 스페인은 잦은 부상과 전력노출로 힘을 잃은 토레스를 대신하여 브라질 출신의 특급 공격수 디에고 코스타를 귀화시켰다. 그리고 그를 최전방 원톱으로 세우는 등 지난 6년 간 세계축구를 지배한 멤버들을 기용하여 브라질월드컵에 임했다.

비센테 델보스케 감독은 코스타를 최전방 공격수에 세우고, 페드로, 이니에스타, 실바를 통해 2선 미드필더를 구축토록 했다. 알론소와 부스케츠를 더블 볼란치로 세워 포백 앞에서 수비벽을 두텁게 쌓았다.

그러나 스페인은 세계축구 열강들의 최우선 분석 대상이었다. 스페인의 선수기용과 진용 변화는 낱낱이 경쟁 축구팀들에게 분석되었다. 때문에 델보스케 감독의 전술 변화는 이미 상대팀이 다 파악한 상태였다. 이처럼 방비가 된 상태의 적과 맞닥뜨린 스페인 축구는 전성시대의 원동력이었던 '티키타카'를 운용할 수 없었다.

스페인식 축구는 '경기 지배력'이다. 스페인은 짧은 패스를 계속 주고받는 '티키타카'와 함께 상대 공격 전개를 원천봉쇄하는 전면 압박으로 전성기를 누렸다.

그러나 브라질월드컵의 스페인은 이 '티키타카'가 막히면서 속수무책이었다. 실바와 페드로가 막히니까 코스타는 할 수 있는 것이 없었다. 델보스케는 코스타를 빼고 토레스를 집어넣으며 타개책을 모색했으나 토레스도 옛날 토레스가 아니었다.

네덜란드와 칠레는 중앙수비와 미드필더를 두텁게 세우는 파이브백으로 스페인을 막았다. 쓰리백은 스페인식 중원지배를 막는 최고의 수비전술이다.

즉 중원을 쓰리백으로 세우고 양측 수비형 미드필더 2명을 쓰리백이 내줄 수 있는 측면수비를 하게 하는 파이브백 전술. 이 전술에 스페인은 힘을 쓰지 못했다.

칠레의 히어로인 산체스와 바르가스는 스페인 클럽에서 뛰고 있다. 따라서 이들은 스페인 선수들의 장단점을 누구보다 더 잘 파악하고 있었으며, 경기에서 이를 영리하게 이용했다.

반면 스페인은 산체스와 바르가스의 활약을 방치했다. 자만이었다. 그리고 그들은 졌다. 변명의 여지가 없는 패배. 이제 스페인의 시대는 저물었다.

나는 새벽 4시에 시작된 이 경기 90분을 꼬박 시청했다. 그리고 칠레의 2대 0 승리가 확정된 주심의 호루라기 소리가 들린 이후 참 많은 생각을 했다. 그 생각의 정점은 한국의 정치였다. 또 한국의 정치인들이 이번 스페인축구의 몰락을 보면서 정말 많은 깨달음을 얻었으면 하고 생각했다.

스포츠는 정직하다. 그러나 정치는 정직하지 않다. 스포츠는 파울과 비신사적 행위에 대한 제제가 엄격하다. 정치는 파울을 해도 비신사적 행위를 해도 언론플레이와 진영논리란 것으로 넘어간다. 절대로 정직하지 않다.

스포츠의 관중은 응원하는 팀이라도 그 팀 선수가 비신사적 행위를 하면 절대로 용인하지 않는다. 반면 유권자는 자신이 지지하는 정당이나 그 정당 소속 정치인이 비신사적이든 말든 파렴치한이든 말든 자신이 싫어하는 정당의 후보에게 지면 안 된다고 생각한다. 그래서 그 비신사적 행위를 비판하는 쪽에 대고 욕설도 마다

하지 않는다. 자신이 선수도 아니면서 선수보다 더 흥분한다. 지금의 한국 정치다.

당시 박근혜 대통령은 '국가개조'를 한다면서 2기 내각이란 걸 조각하여 내보였다. 그 탑으로 뽑은 문창극 전 중앙일보 논설위원, 그는 친일사관과 성공지상주의로 왜곡된 사상 때문에 '역대 최악의 총리후보'라는 칭호를 받았다.

사회 부총리로 승격된 교육부장관 후보자는 제자의 논문을 가로채서 자신의 연구 실적으로 부풀린 것도 모자라 거액의 학술진흥기금까지 타먹었던 것이 드러났다.

국정원장 후보자는 박근혜 대통령 자신이 당 대표로 있을 때 차떼기 멤버라고 공천도 주지 않았던 사람을 뽑았는데 그는 차떼기 범죄로 벌금 1,000만 원을 받았던 사람이었다.

교육문화수석, 안전행정부장관 등도 논문표절이 아니라 아예 복제논문에다 이중게재 등 학자로서 도저히 용납할 수 없는 행위를 했던 사람들로 드러났다.

그래도 그들은 세간의 비판을 모르쇠 하고 '청문회'에서 해명하겠다고 버티었다. 왜? 제대로만 된 청문회라면 이들은 스스로 청문회에 나설 엄두를 낼 수 없을 것인데 왜? 청문회에 나가면 지금까지 숨겼던 모든 것이 다 밝혀질 것인데 어찌 청문회에 나서겠다고 하겠는가? 하지만 이들은 청문회를 요구했다. 이것이 그들의 작전이기 때문이다. 추잡하고 더러운 행위, 비신사적 행위라도 청문회에게 가면 자기편이라는 여당의 국회의원들이 물타기, 억지 쓰기, 편들기 등으로 빠져나갈 구멍을 마련해 줄 수 있다고 생각한 때문이다.

지금까지 그랬다. 그리고 청문회만 마치면 아무리 부적격 판정이 나서 청문결과보고서가 채택되지 않더라도 총리만 제외하면 대통령이 임명하는데 법적 제약이 없으니 대통령은 임명장을 줄 수 있었다.

"지금까지 그래왔으니 잠시의 부끄러움만 감내하면 재상의 자리가 돌아온다."

그들은 이렇게 생각하면서 무작정 버티는 것이다.

스페인 축구대표팀은 모든 전략이 상대팀에게 노출되어 좋은 실력을 가진 선수들을 보유하고도 몰락했다. 이제 스페인은 플랜 B라는 새로운 전술을 장착하지 않으면 세계축구의 주류가 될 수 없다. 이미 상대들이 다 파악하고 대응하는데 이 장애를 넘어설 수 없기 때문이다. 그러나 한국의 보수들은 이미 국민들에게 야당에게 자신들의 전술이 다 파악되었음에도 매번 같은 전술을 구사한다. 그래도 자기편이 많은 진영논리로 승리할 수 있다는 믿음 때문이다.

하지만 그들이 모르는 것이 있다. 국민들은 인내심이 길지 않다는 사실이다. 1987년 체제 후 10년은 노태우 김영삼을 앞세운 영남주류 독재에 협력한 보수 세력이 집권했다. 이 10년은 그러나 이들의 전략을 다 파악할 수 있는 시기였다. 그래서 영남주류 친일 보수 세력의 아류로 영원할 것 같았던 충청도가 떨어져 나왔다. 이어서 이들 세력이 호남주류 민권 민주화 세력과 연합하여 김대중 노무현의 10년이 나타났다.

스페인을 5대 1로 무너뜨린 아르헨 로번과 반 페르시를 앞세운 네덜란드. 그러나 로번과 페르시라는 걸출한 스타의 현격한 실력 앞에서도 주눅 들지 않은 호주는 비록 졌지만, 네덜란드의 혼쭐을 뺐다. 이 호주와의 경기를 통해 네덜란드도 언제 무너질지 모를 것 같은 상황을 예견하게 했다.

김대중 노무현이란 스타플레이어만 믿은 민권민주화 진영이 무너진 것도 마찬가지다. 그 10년 동안 보수진영은 상대의 약점들을 모두 파악했다. 김대중과 노무현만 무력화시키면 되는 전략을 구사하여 이명박 박근혜 정권을 만들었다. 호날두만 무력화시키는 전략을 구사한 독일이 포르투갈을 4대 0으로 제압한 것과 같다.

지금 이명박 박근혜 8년을 보는 국민은 이들에게 신물을 내고 있다. 모든 약점이 다 드러난 상태다. 로번과 페르시를 무력화시키면 네덜란드를 잡을 수 있는 것처럼, 야당도 박근혜만 무력화시키면 이제 보수진영을 잡을 수 있다. 그 일을 지금 박근혜 스스로 하고 있다. 박근혜가 뽑은 박근혜파 재상들은 그 정파를 잡아 먹을 트로이의 목마다.

스페인의 델보스케 감독은 칠레전이 끝난 뒤 사임을 암시했다. 김기춘이 델보스케라면 김기춘은 당시 사임을 해야 했다. 하지만 김기춘은 버텼다. 그랬어도 결국 김기춘은 물러났다. 문창극 사태보다 더한 문고리3인방 사태의 책임을 져야 했다.

관중은 경기를 구경만 하는 것이 아니라 경기를 지배한다. 정치가 아무리 스포츠와 다르게 추잡하고 더러워도 임계점은 있다. 스포츠의 관중이 구경꾼만이 아니라 경기를 지배하는 주류인 것과 같이 유권자도 임계점이 넘은 세력을 용인하지 않는다. 문창극은 명예회복 때문이라며 끝까지 버티려 했으나 버티지 못했다. 관중인 유권자의 압박을 임명권자인 박근혜가 이겨내지 못한 때문이다.

축구경기가 진행 중일 때 감독보다 관중이 더 확실하게 선수의 부진을 볼 수 있다. 감독은 여러 여건 상 부진한 선수의 교체판단을 신속하게 결정하기 힘들지만 관중은 아니다. 대체선수의 기량, 컨디션과 관계없이 일단 부진한 선수에게 야유부터 하고 그래도 교체하지 않으면 감독에게 야유를 퍼붓는다.

이니에스타, 실바, 알론소, 코스타, 심지어 토레스까지 내세웠어도 스페인은 졌다. 코스타가 부진하여 토레스를 썼으나 토레스의 컨디션 부진은 게임을 역전시킬 수 없었다. 야유를 받은 델보스케로서도 어쩔 수 없는 일이었다. 확실한 것은 이제 그들의 시대는 갔다는 것이다.

문재인도 안철수도 브라질월드컵 스페인-칠레 전을 보면서 깨달음을 얻어야 했다. 전력이 노출되면 어떤 드림팀도 이기기 어렵다는 진리를. 아무리 상대의 전력을 제대로 파악하고 있어도 자기 팀의 실력이 그에 미치지 못하면 이길 수 없다는 진리를. 이는 호주와 네덜란드 전에서 나타났다. 그런데 지금 문재인이 이끄는 제1야당은 드림팀도 아닌 허점투성이의 팀이다. 이 팀의 약점을 상대는 물론 관중들까지 세세하게 파악하고 있다. 박근혜 팀의 약점을 파악하고 있어도 자기 팀 약점을 상대가 더 확실하게 파악한데다 개별 실력, 팀 실력, 심지어 응원단의 기세까지 상대보다 아래에 있다면 게임은 이길 수 없다.

그렇다면 어찌해야 하는가? 팀 개편을 서둘러야 한다. 노출된 선수, 노출된 작전, 노출된 기술은 소용이 없다. 리오넬 메시 같은 걸출한 기량을 갖지도 못했는데, 그 걸출한 기량을 더 빛나게 할 어시스터들도 갖지 못했는데, 그 팀으로 계속 경기를 하겠다는 것은 관중을 우롱하겠다는 것 외에 다른 말이 아니다.

그래서 천정배 정동영에 이어 안철수 김한길이 탈당했다. 정동영만 빼면 이들은 모두 새팀을 만들겠다면서 동분서주다. 그러나

팀 개편이라도 이니에스타, 실바, 알론소, 코스타, 심지어 토레스
까지 내세웠어도 진 스페인처럼 지나간 스타의 기용을 고집하면
다시 그들도 질 수밖에 없다. 2014년 브라질 월드컵에서 스페인
팀이 알려준 진리다.

마지막 구원의 기회

대형 참사의 이면을 찬찬히 들여다보면 사고를 야기한 수많은 변수 중 단 하나의 악운(惡運)만 피했더라면 사고 자체를 미연에 방지했거나, 사고가 발생했더라도 피해 최소화가 가능했을 것이라는 가정을 할 수 있는 경우가 적지 않다.

2014년 4월 16일 400여 명의 승객을 태운 대형 여객선 세월호가 침몰했다. 그런데 찬찬히 뜯어보면 세월호 침몰이 바로 위에 언급한 대형 참사의 모든 조건을 갖춘 사고였다. 즉 최악의 상황이 믿을 수 없을 정도로 겹쳐지며 최악의 결과로 파국을 맞은 해양 재난 사고였다. 부주의한 운항, 미숙한 조타, 어처구니없는 구조 상황, 승객에게 퇴선 명령조차 내리지 않고 탈출한 선장의 행동 등 모두가 최악의 연속이었다. 그렇다면 세월호의 비극에서 최악의 파국을 막을 수 있었을 마지막 기회는 무엇이었을까.

우리는 '가만히 있지 말자'고 야권 지지자들에게 각성을 요청한다. 특히 야권을 계속 죽음으로 몰아가는 친노 패권주의자들을 믿고 그들의 주장에 동조하는 '선량한' 유권자들에게 간절하게 호소한다.

수구 보수가 권력을 독점한 대한민국은 2016년에도 총체적 위기 상황이다. 하지만 이런 대한민국보다 더 빠르게 침몰하고 있는 것은 다름 아닌 야권이다. 그런데 야권의 선장격인 문재인과 선원격인 친노 정파 주류는 야권분열이 기정사실화된 현시점에서도 여전히 자신들의 기득권을 인정하는 단결과 통합만이 수구 보수를 이기는 유일한 방법이라는 백일몽을 지지자들에게 부단히 주입시키고 있다.

이는 '가만히 있으라.'는 세월호 선장의 상황 왜곡과 다르지 않다. 또 그 내용을 방송한 직원도 마찬가지다. 1950년 한국전쟁 당시 서울을 버리고 떠나는 이승만 대통령 이하 정부 핵심들은 방송을 통해 '용감한 국군이 적을 퇴치하고 있으므로 시민들은 서울을 떠나지 말고 일상생활에 충실하라.'고 했다. 선량한 서울시민 대부분은 그 말을 믿고 따르다가 적 치하에 들어갔다.

이처럼 '가만히 있는' 선택은 침몰하는 야권을 절대로 구원하지 못한다. 더구나 침몰하는 야권에 몸을 실은 지지자들 스스로의 운명은 파국을 맞이할 것이다. 때문에 우리는 이 책을 썼다. 따라서 이 책은 야권에 엄습한 침몰의 병리 징후를 제대로 직시하고, 수구 보수의 집요한 전횡을 극복하고 이기는 야당을 만들어내기 위한 충정이 가득함을 스스로 자인한다. 물론 친노 정파의 지지자나 집권여당을 지지하는 입장에서는 승복하기 힘든 매우 편파적인 시각의 논리일 것이다.

하지만 주권자인 우리들 모두가 스스로를 지켜내기 위한 최소한의 판단력과 지혜를 가졌으면 하는 간절한 마음에서 이 책은 집필되었다. 비록 친노 정파에 대한 공격적 비판이 내용의 상당부분을 차지하지만 그것은 그만큼 친노 정파에게 상승야당(常勝野黨)을 위한 시대적 소명의 비중이 막중하다는 반증이기도 할 것이다.

2016년 대한민국 정치판에서 무서운 속도로 야권이 침몰하고 있음에도 야권 지지자들은 안철수 팬덤, 문재인 팬덤이 정치적 선택의 우선일 뿐, 이기는 야당을 견인할 그 어떤 의미 있는 움직임도 보여주지 않는다. 이 또한 우리 팬덤이 주도권만 쟁취하면 결국 나머지는 알아서 우리 편에 끌려올 수밖에 없으리라는 안이한 상황 인식 때문일 것으로 판단한다.

그러나 우리는 이미 2012년 대선에서 정치공학적이고 맹목적인 통합이 어떤 결과를 가져왔는지 너무도 잘 알고 있다. 그래서 이 책을 통해 이를 고발하고 이 고발에 뜨끔한 정치권이나 팬덤들이 자신들을 되돌아보고 깨닫기를 기대한다.

'방관자 효과(bystander effect)'라는 말이 있다. 내가 아닌 누군가가 상황을 해결할 것이라는 책임분산 심리로 인해 예를 들어 백주대로에서 벌어지는 집단 폭행에 대해 어느 누구도 신고하지 않는 상황이 발생하는 경우를 의미한다. 여기서 신고를 미루었던 사람들 모두는 비극을 막을 수 있었을 마지막 구원자가 될 수도 있었다. 하지만 결국 집단 폭행으로 인해 무고한 사람이 목숨을 잃었다면? 그들 모두는 결국 미필적 고의에 의한 살인자라 비난 받아도

할 말이 없을 것이다.

수구 보수의 권력 횡포로부터 사람 사는 세상을 지켜야 한다는 명제에 동의하는 모든 이들 또한 마찬가지이다. 진영논리와 팬덤 심리에 지배를 받아 너무도 적나라하게 벌어지고 야권의 침몰 징후를 모르쇠하며, 오직 내 편만이 정의고 다른 편은 수구 보수와 그저 똑같다는 아집만을 내세운다면, 그것은 우리 손에 쥐어진 대참사를 막을 마지막 구원의 기회를 팽개치는, 미필적 고의에 의한 참사의 가해자라 비난받아도 할 말이 없을지 모른다.

그래서다. 이제 우리는 모두가 다시 뒤를 돌아보고 가해자는 가해자대로 피해자는 피해자대로 과거를 답습하지 않기를 바란다. 상승야당의 기운을 되찾아 이기는 야당이 되기를 바란다. 이 바램이 이 책을 쓰는 수고를 감당하게 했다. 따라서 우리는 야당의 승리를 통해 이 수고가 헛되지 않았음을 느꼈으면 좋겠다.

마지막으로 이 책이 나올 수 있도록 도움을 준 모든 이들에게 감사한다. 이 책의 출판이 야권의 '폭망'이라는 대참사에서 마지막 구원이라는 밧줄을 던진 일이 되었으면 하는 염원을 감사의 마음에 외람되이 덧붙이려 한다.

2016년 1월

임두만 김양수

역사는 승자가 바꾼다
정권교체, 전쟁사에 답이 있다

초판1쇄 발행일 • 2016년 1월 30일

지은이 • 임두만 김양수
펴낸이 • 이재호
펴낸곳 • 리북
등 록 • 1995년 12월 21일 제406-1995-000144호
주 소 • 경기도 파주시 광인사길 68, 2층(문발동)
전 화 • 031-955-6435
팩 스 • 031-955-6437
홈페이지 • www.leebook.com

정 가 • 13,000원

ISBN 978-89-97496-35-8